Skønne Kager 2023

Kageopskrifter, der vil fortrylle dine smagsløg

Anton Arvidsson

Resumé

Glace glasur 12

Kaffe glasur 12

Citronglasur 13

Orange glasur 13

Rum Glace Glaze 14

Vanilje glasur 14

Kogt chokolade glasur 15

Chokolade og kokos topping 15

Fondant topping 16

Sød flødeost topping 16

Amerikansk fløjlsagtig glasur 16

Smørglasur 17

Karamel glasur 18

Citron glasur 18

Kaffe smør frosting 19

Lady Baltimore Frosting 20

Hvid glasur 21

Cremet hvid glasur 21

Fluffy hvid glasur 21

Brunt sukker glasur 23

Vaniljesmørcreme Delight 24

Vaniljecreme 25

Flødefyld 26

Dansk cremefyld 27

Rigt dansk cremefyld	28
Custard	29
Fyldt med ingefærcreme	30
Citronfyld	31
Chokolade frosting	32
Frugt glasur	33
Orange frugt kage frosting	33
Mandelmarengs firkanter	34
Englen falder	35
Mandelskiver	36
Bakewell Tarteletter	37
Chokolade sommerfugle kager	39
Kokos kager	40
Søde cupcakes	41
Kaffe kager	42
Eccles kager	43
Fe kager	44
Prinsesse kager	45
Genuasiske fantasier	46
Mandelmakroner	47
Kokosmakroner	48
Lime makroner	49
Havregrynsmakroner	50
madeleines	51
Marcipan kager	52
muffin	53
Æble muffins	54

Bananmuffin 55
Solbærmuffins 56
Amerikanske blåbærmuffins 57
Kirsebærmuffins 58
Chokolade muffins 59
Chokolade chip muffins 60
Kanel muffins 61
Majsmel muffins 62
Fuldkornsmuffins med figner 63
Muffin frugt og klid 64
Havre muffins 65
Havregryn muffins og frugt 66
Orange muffins 67
Ferskenmuffins 68
Jordnøddesmør muffins 69
Ananas muffins 70
Hindbær muffins 71
Hindbær- og citronmuffins 72
Rosin muffins 73
Melasse muffins 74
Melasse og havregryn muffins 75
Havregryn toast 76
Jordbær svamp 77
Myntekager 77
Rosinkager 79
Krøller af rosiner 80
Brune ris og solsikke kager 81

Rock kager 82

Stenkager uden sukker 83

Safrankager 84

Baba med rom 85

Svampekager 87

Svampekage med chokolade 88

Sommer snebolde 89

Svampedråber 90

Grundlæggende marengs 91

Mandelmarengs 92

Mandel spansk marengs cookies 93

Søde marengskurve 94

Mandelchips 95

Mandel og citron spansk marengs 96

Chokoladedækkede marengs 97

Marengs Chokolade Mint 98

Marengs med chokoladechips og nødder 99

Hasselnøddemarengs 100

Marengslagkage med nødder 101

Skiver af hasselnøddemaretto 103

Lag af marengs og nødder 104

Marengsbjerge 106

Hindbærcreme marengs 107

Ratafia kager 108

Karamel vacherin 109

Simple scones 110

Rich Egg Scones 111

Æble scones 112
Æble og kokos scones 113
Æble og daddelscones 114
Byg scones 115
Jordbær kokos kage 116
Barer af brun farin og banan 118
Solsikke nøddebarer 119
Toffee Squares 120
Karamelbakke 121
Cheesecake Hos Abrikoser 122
Avocado cheesecake 124
Banan cheesecake 125
Let caribisk cheesecake 126
Kirsebær cheesecake 127
Kokos og abrikos cheesecake 128
Tranebær cheesecake 129
Ingefær cheesecake 130
Ingefær og citron cheesecake 131
Cheesecake med hasselnød og honning 132
Vindrue og ingefær cheesecake 133
Let citronfromage 135
Citron cheesecake og granola 137
Mandarin cheesecake 138
Cheesecake med citron og valnødder 139
Lime cheesecake 141
San Clemente cheesecake 142
Pashka 143

Let ananas cheesecake 144

Ananas cheesecake 145

Rosin cheesecake 146

Hindbær cheesecake 147

Siciliansk cheesecake 148

Glaseret yoghurt cheesecake 149

Jordbær cheesecake 151

Sultana Cheesecake og Brandy 152

Bagt Cheesecake 153

Bagte cheesecake barer 154

Amerikansk cheesecake 155

Hollandsk bagt æbleostkage 155

Bagt abrikos og hasselnødde cheesecake 157

Bagt cheesecake med abrikoser og appelsin 158

Ricotta og abrikosbagt cheesecake 160

Boston cheesecake 161

Bagt caribisk ostekage 162

Bagt chokolade cheesecake 164

Chokolade og nødde cheesecake 165

tysk cheesecake 166

Irsk flødelikør cheesecake 168

Amerikansk cheesecake med citron og valnødder 170

Orange cheesecake 171

Ricotta cheesecake 172

Bagt ost og cremefraiche lagdelt cheesecake 174

Let bagt cheesecake med sultanas 176

Let bagt vanilje cheesecake 177

Bagt hvid chokolade cheesecake ... 178
Hvid chokolade og hasselnødde cheesecake ... 179
Hvid chokolade og oblat cheesecake ... 181
Wienerbrød ... 182
Mørdej med olie ... 183
Rig mørdej ... 184
Amerikansk mørdej ... 185
Ost Pasta ... 186
Choux wienerbrød ... 187
Butterdej ... 188
Gennemse ... 190
Groft butterdej ... 191
Paté Sucree ... 192
Choux flødeboller ... 193
Mandarinpuster ... 194
Chokolade éclairs ... 195
Profiteroles ... 196
Mandel og fersken wienerbrød ... 198
Æble små kager ... 199
Flødekager ... 200
Feuilleté ... 201
Ricottafyldte kager ... 202
Valnøddepuster ... 203
dansk wienerbrød ... 204
danske kringler ... 205
dansk wienerbrødsfletninger ... 207
Mandelkager ... 208

Tærtebase af svamp 209

Mandeltærte 210

Æble- og appelsinstærte fra det attende århundrede 211

Tysk æbletærte 212

Honning æbletærte 213

Æbletærte og hakket kød 215

Tærte af æbler og sultanas 216

Abrikos- og kokosmarengstærte 217

Bakewell kage 218

Glace glasur

Gør nok til at dække en 20 cm/8 tommer kage

100 g/4 oz/2/3 kop flormelis (konditorer), sigtet

25–30 ml/1½–2 spsk vand

Et par dråber madfarve (valgfrit)

Kom sukkeret i en skål og tilsæt vandet lidt ad gangen, indtil du får en glat glasur. Farv med et par dråber madfarve, hvis du har lyst. Glasuren bliver uigennemsigtig, når den smøres på kolde kager eller gennemsigtig, når den smøres på varme kager.

Kaffe glasur

Gør nok til at dække en 20 cm/8 tommer kage

100 g/4 oz/2/3 kop flormelis (konditorer), sigtet

25–30 ml/1½–2 spsk meget stærk sort kaffe

Kom sukkeret i en skål og tilsæt kaffen lidt ad gangen, indtil du får en glat glasur.

Citronglasur

Gør nok til at dække en 20 cm/8 tommer kage

100 g/4 oz/2/3 kop flormelis (konditorer), sigtet

25–30 ml/1½–2 spsk citronsaft

Finrevet skal af 1 citron

Kom sukkeret i en skål og tilsæt citronsaft og skal lidt ad gangen, indtil du får en glat glasur.

Orange glasur

Gør nok til at dække en 20 cm/8 tommer kage

100 g/4 oz/2/3 kop flormelis (konditorer), sigtet

25–30 ml/1½–2 spsk appelsinjuice

Finrevet skal af 1 appelsin

Kom sukkeret i en skål og tilsæt appelsinsaft og -skal lidt ad gangen, indtil du får en glat glasur.

Rum Glace Glaze

Gør nok til at dække en 20 cm/8 tommer kage

100 g/4 oz/2/3 kop flormelis (konditorer), sigtet

25–30 ml/1½–2 spsk rom

Kom sukkeret i en skål og tilsæt gradvist rommen, indtil du får en glat glasur.

Vanilje glasur

Gør nok til at dække en 20 cm/8 tommer kage

100 g/4 oz/2/3 kop flormelis (konditorer), sigtet

25 ml/1½ spsk vand

Et par dråber vaniljeessens (ekstrakt)

Kom sukkeret i en skål og tilsæt vand og vaniljeessens lidt ad gangen, indtil du får en glat glasur.

Kogt chokolade glasur

Gør nok til at dække en 23cm/9

275 g/10 oz/1¼ kopper strøsukker (superfint)

100 g/4 oz/1 kop mørk chokolade (halvsød)

50 g/2 oz/¼ kop kakao (usødet chokolade) pulver

120 ml/4 fl oz/½ kop vand

Bring alle ingredienser i kog, under omrøring, indtil de er godt blandet. Kog over medium varme indtil 108°C/220°F, eller når der dannes en lang tråd, når den trækkes mellem to teskefulde. Hæld i en stor skål og pisk til det er tykt og blankt.

Chokolade og kokos topping

Gør nok til at dække en 23cm/9

175 g/6 oz/1½ kopper mørk chokolade (halvsød)

90 ml/6 spsk kogende vand

225 g/8 oz/2 kopper tørret kokosnød (revet)

Blend chokoladen og vandet i en blender eller foodprocessor, tilsæt derefter kokosnødden og kør til en jævn masse. Drys over almindelige kager, mens de stadig er varme.

Fondant topping

Gør nok til at dække en 23cm/9

50 g/2 oz/¼ kop smør eller margarine

45 ml/3 spsk kakao (usødet chokolade) pulver

60 ml/4 spsk mælk

425 g/15 oz/2½ kopper flormelis (konfekture), sigtet

5 ml/1 tsk vaniljeessens (ekstrakt)

Smelt smør eller margarine i en gryde, og tilsæt derefter kakao og mælk. Bring det i kog, under konstant omrøring, og tag derefter af varmen. Rør gradvist sukker og vaniljeessens i og pisk til en jævn masse.

Sød flødeost topping

Gør nok til at dække en 30 cm/12 tommer kage

100 g/4 oz/½ kop flødeost

25 g/1 oz/2 spsk smør eller margarine, blødgjort

350 g/12 oz/2 kopper flormelis (konditorer), sigtet

5 ml/1 tsk vaniljeessens (ekstrakt)

30 ml/2 spsk klar honning (valgfrit)

Pisk flødeost og smør eller margarine sammen, til det er let og luftigt. Pisk gradvist sukker og vaniljeessens i, indtil det er glat. Sød med lidt honning, hvis du har lyst.

Amerikansk fløjlsagtig glasur

Gør nok til at dække to 23cm/9

175 g/6 oz/1½ kopper mørk chokolade (halvsød)

120 ml/4 fl oz/½ kop creme fraiche (mælkesurdej)

5 ml/1 tsk vaniljeessens (ekstrakt)

En knivspids salt

400 g/14 oz/21/3 kopper flormelis (konditorer), sigtet

Smelt chokoladen i en varmefast skål over en gryde med kogende vand. Tag af varmen og rør fløde, vaniljeessens og salt i. Pisk gradvist sukkeret, indtil det er glat.

Smørglasur

Gør nok til at dække en 23cm/9

50 g/2 oz/¼ kop smør eller margarine, blødgjort

250 g/1½ kop flormelis (konditor), sigtet

5 ml/1 tsk vaniljeessens (ekstrakt)

30 ml/2 spsk enkelt creme (let)

Flød smørret eller margarinen til det er blødt, og vend derefter gradvist sukker, vaniljeessens og fløde i, indtil det er glat og cremet.

Karamel glasur

Gør nok til at fylde og dække en 23cm/9

100 g/4 oz/½ kop smør eller margarine

225 g/8 oz/1 kop blødt brun farin

60 ml/4 spsk mælk

350 g/12 oz/2 kopper flormelis (konditorer), sigtet

Smelt smør eller margarine og sukker ved lav varme under konstant omrøring, indtil det er blandet. Tilsæt mælken og bring det i kog. Fjern fra varmen og lad det køle af. Pisk flormelis til du får en smørbar konsistens.

Citron glasur

Gør nok til at dække en 23cm/9

25 g/1 oz/2 spsk smør eller margarine

5 ml/1 tsk revet citronskal

30 ml/2 spsk citronsaft

250 g/1½ kop flormelis (konditor), sigtet

Pisk smør eller margarine og citronskal sammen til det er let og luftigt. Pisk gradvist citronsaft og sukker i, indtil det er glat.

Kaffe smør frosting

Gør nok til at fylde og dække en 23cm/9

1 æggehvide

75 g/3 oz/1/3 kop smør eller margarine, blødgjort

30 ml/2 spsk varm mælk

5 ml/1 tsk vaniljeessens (ekstrakt)

15 ml/1 spiseskefuld instant kaffebønner

En knivspids salt

350 g/12 oz/2 kopper flormelis (til konditorer), sigtet

Pisk æggehvide, smør eller margarine, varm mælk, vaniljeessens, kaffe og salt sammen. Rør gradvist pulveriseret sukker i, indtil det er glat.

Lady Baltimore Frosting

Gør nok til at fylde og dække en 23cm/9

50 g/2 oz/1/3 kop rosiner, hakket

50 g/2 oz/¼ kop glacé (kandiserede) kirsebær, hakket

50 g/2 oz/½ kop pekannødder, hakkede

25 g/1 oz/3 spsk tørrede figner, hakkede

2 æggehvider

350 g/12 oz/1½ kopper strøsukker (superfint)

En knivspids tatarcreme

75 ml/5 spsk koldt vand

En knivspids salt

5 ml/1 tsk vaniljeessens (ekstrakt)

Bland rosiner, kirsebær, valnødder og figner sammen. Pisk æggehvider, sukker, fløde af vinsten, vand og salt i en varmefast skål over en gryde med kogende vand i cirka 5 minutter, indtil der dannes stive toppe. Tag af varmen og rør vaniljeessens i. Bland frugterne i en tredjedel af glasuren og brug til at fylde kagen, og fordel derefter resten over toppen og siderne af kagen.

Hvid glasur

Gør nok til at dække en 23cm/9

225 g/8 oz/1 kop granuleret sukker

1 æggehvide

30ml/2 spsk vand

15 ml/1 spsk gylden sirup (lys majs)

Pisk sukker, æggehvide og vand i en varmefast skål over en gryde med kogende vand. Fortsæt med at piske i op til 10 minutter, indtil blandingen tykner og danner stive toppe. Tag den af varmen og tilsæt siruppen. Fortsæt med at piske indtil du får en smørbar konsistens.

Cremet hvid glasur

Gør nok til at fylde og dække en 23cm/9

75 ml/5 spsk enkelt creme (let)

5 ml/1 tsk vaniljeessens (ekstrakt)

75 g/3 oz/1/3 kop flødeost

10 ml/2 tsk smør eller margarine, blødgjort

En knivspids salt

350 g/12 oz/2 kopper flormelis (konditorer), sigtet

Bland fløde, vaniljeessens, flødeost, smør eller margarine og salt til det er glat. Arbejd gradvist flormelissen i, til det er glat.

Fluffy hvid glasur

Gør nok til at fylde og dække en 23cm/9

2 æggehvider

350 g/12 oz/1½ kopper strøsukker (superfint)

En knivspids tatarcreme

75 ml/5 spsk koldt vand

En knivspids salt

5 ml/1 tsk vaniljeessens (ekstrakt)

Pisk æggehvider, sukker, tatarfløde, vand og salt sammen i en varmefast skål over en gryde med kogende vand i cirka 5 minutter, indtil der dannes stive toppe. Tag af varmen og rør vaniljeessens i. Brug til at smøre kagen sammen, og fordel derefter resten over toppen og siderne af kagen.

Brunt sukker glasur

Gør nok til at dække en 23cm/9

225 g/8 oz/1 kop blødt brun farin

1 æggehvide

30ml/2 spsk vand

5 ml/1 tsk vaniljeessens (ekstrakt)

Pisk sukker, æggehvide og vand i en varmefast skål over en gryde med kogende vand. Fortsæt med at piske i op til 10 minutter, indtil blandingen tykner og danner stive toppe. Tag af varmen og tilsæt vaniljeessens. Fortsæt med at piske indtil du får en smørbar konsistens.

Vaniljesmørcreme Delight

Gør nok til at fylde og dække en 23cm/9

1 æggehvide

75 g/3 oz/1/3 kop smør eller margarine, blødgjort

30 ml/2 spsk varm mælk

5 ml/1 tsk vaniljeessens (ekstrakt)

En knivspids salt

350 g/12 oz/2 kopper flormelis (til konditorer), sigtet

Pisk æggehvide, smør eller margarine, varm mælk, vaniljeessens og salt sammen. Rør gradvist pulveriseret sukker i, indtil det er glat.

Vaniljecreme

Giver 600ml/1pt/2½ kopper

100 g/4 oz/½ kop strøsukker (superfint)

50 g/2 oz/¼ kop majsstivelse (majsstivelse)

4 æggeblommer

600ml/1pt/2½ kopper mælk

1 vaniljestang (stang)

Flormelis (konfekture), sigtet, til aftørring

Pisk halvdelen af sukkeret med majsstivelse og æggeblommer, indtil det er godt blandet. Bring det resterende sukker og mælk i kog med vaniljestangen. Pisk sukkerblandingen ud i den varme mælk, bring derefter i kog igen, under konstant omrøring, og kog i 3 minutter, indtil den er tyk. Hæld i en skål, drys med flormelis for at forhindre huddannelse og lad det køle af. Pisk igen før brug.

Flødefyld

Gør nok til at fylde en 23cm/9

325 ml/11 fl oz/11/3 kopper mælk

45 ml/3 spsk majsstivelse (majsstivelse)

60 g/2½ oz/1/3 kop strøsukker (superfint)

1 æg

15 ml/1 spsk smør eller margarine

5 ml/1 tsk vaniljeessens (ekstrakt)

Blend 30 ml/2 spsk mælk med majsmel, sukker og æg. Bring den resterende mælk til lige under kogepunktet i en lille gryde. Vend gradvist den varme mælk i æggeblandingen. Skyl gryden, kom derefter blandingen tilbage i gryden og rør ved svag varme, indtil den er tyknet. Tilsæt smør eller margarine og vaniljeessens. Dæk med smurt (vokset) bagepapir og lad det køle af.

Dansk cremefyld

Til 750 ml/1¼pt/3 kopper

2 æg

50 g/2 oz/¼ kop strøsukker (superfint)

50 g/2 oz/½ kop mel (all-purpose)

600ml/1pt/2½ kopper mælk

vaniljestang (stang)

Pisk æg og sukker sammen til det er tyknet. Tilsæt melet gradvist. Bring mælken og vaniljestangen i kog. Fjern vaniljestangen og vend mælken i æggeblandingen. Vend tilbage til gryden og lad det simre forsigtigt i 2 til 3 minutter under konstant omrøring. Lad afkøle før brug.

Rigt dansk cremefyld

Til 750 ml/1¼pt/3 kopper

4 æggeblommer

30 ml/2 spsk granuleret sukker

25 ml/1½ spsk mel (alle formål)

10 ml/2 tsk kartoffelstivelse

450 ml/¾ pt/2 kopper enkelt creme (let)

Et par dråber vaniljeessens (ekstrakt)

150 ml/¼ pt/2/3 kop dobbeltfløde (tung), pisket

I en gryde kombineres æggeblommer, sukker, mel og fløde. Pisk ved middel varme, indtil blandingen begynder at tykne. Tilsæt vaniljeessensen, og lad den køle af. Tilsæt flødeskummet.

Custard

Til 300 ml/½ pt/1¼ kopper

2 æg, adskilt

45 ml/3 spsk majsstivelse (majsstivelse)

300 ml/½ pt/1¼ kopper mælk

Et par dråber vaniljeessens (ekstrakt)

50 g/2 oz/¼ kop strøsukker (superfint)

Bland æggeblommer, majsstivelse og mælk i en gryde, indtil det er godt blandet. Bring det i kog ved middel varme, og lad det simre i 2 minutter under konstant omrøring. Kom vaniljeessensen i og lad det køle af.

Pisk æggehviderne stive, tilsæt derefter halvdelen af sukkeret og pisk igen, indtil der dannes stive toppe. Tilsæt resten af sukkeret. Pisk i flødeblandingen og stil på køl, indtil den skal bruges.

Fyldt med ingefærcreme

Gør nok til at fylde en 23cm/9

100 g/4 oz/½ kop smør eller margarine, blødgjort

450 g/1 lb/22/3 kopper flormelis (konditorer), sigtet

5 ml/1 tsk ingefærpulver

30 ml/2 spsk mælk

75 g/3 oz/¼ kop sort sirup (melasse)

Pisk smør eller margarine med sukker og ingefær til det er let og cremet. Rør gradvist mælk og melasse i, indtil det er glat og smørbart. Hvis fyldet er for tyndt, pisk lidt mere sukker i.

Citronfyld

Til 250 ml/8 fl oz/1 kop

100 g/4 oz/½ kop strøsukker (superfint)

30 ml/2 spsk majsstivelse (majsstivelse)

60 ml/4 spsk citronsaft

15 ml/1 spsk revet citronskal

120 ml/4 fl oz/½ kop vand

En knivspids salt

15 ml/1 spsk smør eller margarine

Bland alle ingredienser undtagen smør eller margarine i en lille gryde ved svag varme, og rør forsigtigt, indtil det er godt blandet. Bring i kog og kog i 1 minut. Rør smør eller margarine i og lad det køle af. Afkøl før brug.

Chokolade frosting

Gør nok til at froste en 25 cm/10/10 kage

50 g/2 oz/½ kop mørk chokolade (halvsød), hakket

50 g/2 oz/¼ kop smør eller margarine

2,5 ml/½ tsk vaniljeessens (ekstrakt)

75 ml/5 spsk kogende vand

350 g/12 oz/2 kopper flormelis (konditorer), sigtet

Blend alle ingredienser i en blender eller foodprocessor, indtil det er glat, og tryk ingredienserne ned efter behov. Brug med det samme.

Frugt glasur

Gør nok til at froste en 25 cm/10/10 kage

75 ml/5 spsk gylden sirup (lys majs)

60 ml/4 spiseskefulde ananas- eller appelsinjuice

Kom sirup og saft i en gryde og bring det i kog. Fjern fra varmen og pensl blandingen over toppen og siderne af en afkølet kage. Lad stivne. Bring glasuren tilbage i kog og pensl et andet lag over kagen.

Orange frugt kage frosting

Gør nok til at froste en 25 cm/10/10 kage

50 g/2 oz/¼ kop strøsukker (superfint)

30 ml/2 spsk appelsinjuice

10 ml/2 tsk revet appelsinskal

Kom ingredienserne i en gryde og bring det i kog under konstant omrøring. Fjern fra varmen og pensl blandingen over toppen og siderne af en afkølet kage. Lad stivne. Bring glasuren tilbage i kog og pensl et andet lag over kagen.

Mandelmarengs firkanter

siden 12

225 g/8 oz mørdej

60 ml/4 spsk hindbærsyltetøj (på dåse)

2 æggehvider

50 g/2 oz/½ kop malede mandler

100 g/4 oz/½ kop strøsukker (superfint)

Et par dråber mandelessens (ekstrakt)

25 g/1 oz/¼ kop mandler i flager

Rul dejen (dejen) ud og beklæd en smurt 30 x 20 cm/12 x 8 pande i en schweizerrulleform (gelérullepande). Smøres med marmelade. Pisk æggehviderne stive, og vend derefter forsigtigt de malede mandler, sukker og mandelessens i. Fordel marmeladen ovenpå og drys med de flagede mandler. Bages i en forvarmet ovn ved 180°C/350°F/gasmærke 4 i 45 minutter, indtil de er gyldenbrune og sprøde. Lad det køle af, og skær derefter i firkanter.

Englen falder

siden 24

50 g/2 oz/¼ kop smør eller margarine, blødgjort

50 g/2 oz/¼ kop spæk (afkortning)

100 g/4 oz/½ kop strøsukker (superfint)

1 lille æg, pisket

Et par dråber vaniljeessens (ekstrakt)

175 g/6 oz/1½ kopper selvhævende mel (selvhævende)

45 ml/3 spsk havregryn

50 g/2 oz/¼ kop glacé (kandiserede) kirsebær, halveret

Pisk smør eller margarine, spæk og sukker til blandingen er let og luftig. Pisk æg og vaniljeessens i, tilsæt derefter melet og ælt indtil du får en fast dej. Bræk i små kugler og rul dem i havre. Arranger godt fra hinanden på en smurt (kiks) bageplade og pynt hver med et kirsebær. Bages i en forvarmet ovn ved 180°C/350°F/gasmærke 4 i 20 minutter, indtil de er faste. Lad køle af på pladen.

Mandelskiver

siden 12

100 g/4 oz/½ kop smør eller margarine

225 g/8 oz/2 kopper almindeligt mel (alle formål)

5 ml/1 tsk bagepulver

50 g/2 oz/¼ kop strøsukker (superfint)

1 æg, adskilt

75 ml/5 spsk hindbærsyltetøj (på dåse)

100 g/4 oz/2/3 kop flormelis (konditorer), sigtet

100 g/4 oz/1 kop mandler i flager

Gnid smørret eller margarinen ind i melet og bagepulveret, indtil det ligner brødkrummer. Tilsæt sukkeret, tilsæt derefter æggeblommen og ælt indtil du får en fast dej. Rul ud på en let meldrysset overflade, så den passer til en smurt 30 x 20 cm/12 x 8 i en gelérullepande. Tryk forsigtigt ned i gryden og løft kanterne af dejen lidt for at lave en læbe. Smøres med marmelade. Pisk æggehviden stiv, og tilsæt derefter flormelis gradvist. Fordel marmeladen ovenpå og drys med mandlerne. Bages i en forvarmet ovn ved 160°C/325°F/gasmærke 3 i 1 time, indtil den er gyldenbrun og ligefrem fast. Lad afkøle i formen i 5 minutter,

Bakewell Tarteletter

siden 24

Til bagværket:

25 g/1 oz/2 spsk spæk (fedt)

25 g/1 oz/2 spsk smør eller margarine

100 g/4 oz/1 kop mel (alle formål))

En knivspids salt

30ml/2 spsk vand

45 ml/3 spsk hindbærsyltetøj (på dåse)

Til fyldet:

50 g/2 oz/¼ kop smør eller margarine, blødgjort

50 g/2 oz/¼ kop strøsukker (superfint)

1 æg, let pisket

25 g/1 oz/¼ kop selvhævende mel (selvhævende)

25 g/1 oz/¼ kop malede mandler

Et par dråber mandelessens (ekstrakt)

For at lave dejen skal du gnide spæk og smør eller margarine ind i melet og saltet, indtil blandingen ligner brødkrummer. Bland nok vand til at lave en blød pasta. Rul tyndt ud på en let meldrysset overflade, skær i 7,5 cm/3 cirkler og beklæd sektionerne af to smurte donutpander (frikadeller). Fyld med marmelade.

For at lave fyldet, pisk smør eller margarine og sukker sammen, og vend derefter gradvist ægget i. Tilsæt melet, de malede mandler og mandelessensen. Hæld blandingen i tærterne, forsegl kanterne til dejen, så marmeladen er helt dækket. Bages i en forvarmet ovn ved 180°C/350°F/gasmærke 4 i 20 minutter, indtil de er gyldenbrune.

Chokolade sommerfugle kager

Gør omkring 12 kager

Til kagerne:

100 g/4 oz/½ kop smør eller margarine, blødgjort

100 g/4 oz/½ kop strøsukker (superfint)

2 æg, let pisket

100 g/4 oz/1 kop selvhævende mel (selvhævende)

30 ml/2 spsk kakao (usødet chokolade) pulver

En knivspids salt

30 ml/2 spsk kold mælk

Til glasuren (glasuren):

50 g/2 oz/¼ kop smør eller margarine, blødgjort

100 g/4 oz/2/3 kop flormelis (konditorer), sigtet

10 ml/2 tsk varm mælk

For at lave kagerne, pisk smør eller margarine og sukker sammen, indtil det er lyst og luftigt. Tilsæt gradvist æggene skiftevis med mel, kakao og salt, og tilsæt derefter mælken for at opnå en blød blanding. Hæld i papirkager (cupcake-indpakninger) eller smurte donutforme (frikadelleforme) og bag dem i en forvarmet ovn ved 190°/375°F/gasmærke 5 i 15-20 minutter, indtil de er hævede og fjedrende at røre ved. Lad afkøle. Skær toppen af kagerne i skiver vandret, og skær derefter toppen i halve lodret for at skabe sommerfuglens "vinger".

For at lave glasuren, pisk smør eller margarine, indtil det er luftigt, og pisk derefter flormelis i halvvejs. Pisk mælken og derefter det resterende sukker. Fordel frostingblandingen mellem kagerne, og tryk derefter "vingerne" ind i toppen af kagerne i det ene hjørne.

Kokos kager

siden 12

100 g/4 oz mørdej

50 g/2 oz/¼ kop smør eller margarine, blødgjort

50 g/2 oz/¼ kop strøsukker (superfint)

1 æg, pisket

25 g/1 oz/2 spsk rismel

50 g/2 oz/½ kop tørret kokosnød (revet)

1,5 ml/¼ teskefuld bagepulver

60 ml/4 spiseskefulde chokoladepålæg

Rul mørdejen (pastaen) ud og brug den til at beklæde dele af en tærteform (kagefade). Pisk smør eller margarine og sukker sammen, og pisk derefter æg og rismel i. Kom kokos og gær i. Læg en teskefuld chokolade til at smøre på bunden af hvert bradefad (kageskall). Hæld kokosblandingen over og bag i en forvarmet ovn ved 200°C/400°F/gasmærke 6 i 15 minutter, indtil den er hævet og gyldenbrun.

Søde cupcakes

siden 15

100 g/4 oz/½ kop smør eller margarine, blødgjort

225 g/8 oz/1 kop strøsukker (superfint)

2 æg

5 ml/1 tsk vaniljeessens (ekstrakt)

175 g/6 oz/1½ kopper selvhævende mel (selvhævende)

5 ml/1 tsk bagepulver

En knivspids salt

75 ml/5 spsk mælk

Pisk smør eller margarine og sukker lyst og luftigt. Tilsæt gradvist æg og vaniljeessens, pisk godt efter hver tilsætning. Tilsæt mel, bagepulver og salt skiftevis med mælken, pisk godt. Hæld blandingen i papirforme (cupcake-indpakninger) og bag i en forvarmet ovn ved 190°C/375°F/gasmærke 5 i 20 minutter, indtil en tandstik indsat i midten kommer ren ud.

Kaffe kager

siden 12

Til kagerne:

100 g/4 oz/½ kop smør eller margarine, blødgjort

100 g/4 oz/½ kop strøsukker (superfint)

2 æg, let pisket

100 g/4 oz/1 kop selvhævende mel (selvhævende)

10 ml/2 teskefulde kaffeessens (ekstrakt)

Til glasuren (glasuren):

50 g/2 oz/¼ kop smør eller margarine, blødgjort

100 g/4 oz/2/3 kop flormelis (konditorer), sigtet

Et par dråber kaffeessens (ekstrakt)

100 g/4 oz/1 kop chokoladechips

For at lave kagerne, pisk smør eller margarine og sukker sammen, indtil det er lyst og luftigt. Pisk gradvist æggene, og tilsæt derefter mel og kaffeessens. Hæld blandingen i papirfolier (cupcake-indpakninger) placeret i en tærteform (kagedåse) og bag i en forvarmet ovn ved 180°C / 350°F / gasmærke 4 i 20 minutter, indtil den er godt hævet og fjedrende at røre ved. Lad afkøle.

For at lave glasuren, pisk smør eller margarine, indtil det er luftigt, og tilsæt derefter flormelis og kaffeessens. Fordel på overfladen af kagerne og pynt med chokoladechips.

Eccles kager

siden 16

50 g/2 oz/¼ kop smør eller margarine

50 g/2 oz/¼ kop blødt brun farin

225 g/8 oz/1 1/3 kopper ribs

450 g/1 lb butterdej eller flaget dej

En smule mælk

45 ml/3 spsk rørsukker (superfint)

Smelt smør eller margarine og brun farin ved svag varme, rør godt rundt. Tag af varmen og tilsæt ribs. Lad afkøle lidt. Rul dejen (pastaen) ud på en meldrysset overflade og skær den i 16 cirkler. Fordel fyldblandingen mellem cirklerne, fold derefter kanterne ind mod midten, pensl med vand for at forsegle kanterne. Vend kagerne og rul dem let ud med kagerullen, så de bliver lidt flade. Skær tre slidser i toppen af hver, pensl med mælk og drys med sukker. Anbring på en smurt (kiks) bakke og bag i en forvarmet ovn ved 200°C/400°F/gasmærke 6 i 20 minutter, indtil de er gyldenbrune.

Fe kager

Det er omkring 12

100 g/4 oz/½ kop smør eller margarine, blødgjort

100 g/4 oz/½ kop strøsukker (superfint)

2 æg, let pisket

100 g/4 oz/1 kop selvhævende mel (selvhævende)

En knivspids salt

30 ml/2 tsk mælk

Et par dråber vaniljeessens (ekstrakt)

Pisk smør eller margarine med sukker til det er lyst og luftigt. Bland gradvist æggene, skiftevis med mel og salt, og tilsæt derefter mælk og vaniljeessens, indtil blandingen er blød. Hæld i papirkager (cupcake-indpakninger) eller smurte ramekins (frikadeller) og bag dem i en forvarmet ovn ved 190°C/375°F/gasmærke 5 i 15-20 minutter, indtil de er godt hævede og fjedrende at røre ved.

Prinsesse kager

siden 12

50 g/2 oz/¼ kop smør eller margarine, blødgjort

50 g/2 oz/¼ kop strøsukker (superfint)

1 æg

50 g/2 oz/½ kop selvhævende mel (selvhævende)

100 g/4 oz/2/3 kop flormelis (konfekture)

15 ml/1 spsk varmt vand

Et par dråber madfarve

Pisk smør eller margarine og sukker lyst og luftigt. Pisk gradvist ægget i, og rør derefter melet i. Fordel blandingen mellem 12 papiretuier (cupcake-indpakninger) anbragt i donutkopper (bageplader). Bages i en forvarmet ovn ved 160°C/325°F/gasmærke 3 i 15-20 minutter, indtil den er hævet og fjedrende at røre ved. Lad afkøle.

Bland pulveriseret sukker og varmt vand. Farv en tredjedel af frostingen (frosting) med madfarve efter eget valg. Fordel den hvide glasur på kagerne. Fordel den farvede glasur i streger hen over kagen, og tegn derefter et knivspids vinkelret på stregerne først den ene vej, så den anden vej, for at skabe et bølget mønster. Lad stivne.

Genuasiske fantasier

siden 12

3 æg, let pisket

75 g/3 oz/1/3 kop granuleret sukker (superfint)

75 g/3 oz/¾ kop selvhævende mel (selvhævende)

Et par dråber vaniljeessens (ekstrakt)

25 g/1 oz/2 spsk smør eller margarine, smeltet og afkølet

60 ml/4 spsk abrikosmarmelade (konserveret), sigtet (sigtet)

60 ml/4 spsk vand

225 g/8 oz/11/3 kopper flormelis (konditorer), sigtet

Et par dråber pink og blå madfarve (valgfrit)

Kagepynt

Læg æg og perlesukker i en varmefast skål over en gryde med kogende vand. Pisk indtil blandingen kommer væk fra piskeriset. Rør mel og vaniljeessens i, og rør derefter smør eller margarine i. Hæld blandingen i en smurt 30 x 20 cm/12 x 8 svejtserrullepande (gelérullepande) og bag i en forvarmet ovn ved 190°C/375°F/gasmærke 5 i 30 minutter. Lad det køle af, og skær derefter i forme. Varm marmeladen op med 30 ml/2 spsk vand og pensl over kagerne.

Sigt flormelisen i en skål. Hvis du gerne vil lave glasuren (glasuren) i forskellige farver, skal du dele den i separate skåle og stikke et hul i midten af hver. Tilsæt gradvist et par dråber farve og det resterende vand lige nok til at blandes, indtil du får en ret tyk glasur. Fordel på kagerne og pynt efter ønske.

Mandelmakroner

siden 16

Rispapir

100 g/4 oz/½ kop strøsukker (superfint)

50 g/2 oz/½ kop malede mandler

5 ml/1 tsk formalet ris

Et par dråber mandelessens (ekstrakt)

1 æggehvide

8 flåede mandler, halveret

Beklæd en bageplade (kiks) med rispapir. Bland alle ingredienserne, undtagen de blancherede mandler, til en stiv pasta og pisk godt. Kom skefulde af blandingen på panden (kiks) og pynt hver enkelt med en mandelhalvdel. Bages i en forvarmet ovn ved 150°C/325°F/gasmærke 3 i 25 minutter. Lad afkøle på en bageplade, og klip eller riv dem derefter rundt for at frigøre dem fra rispapir.

Kokosmakroner

siden 16

2 æggehvider

150 g/5 oz/2/3 kop strøsukker (superfint)

150 g/5 oz/1¼ kopper tørret kokosnød (revet)

Rispapir

8 glaserede (kandiserede) kirsebær, halveret

Pisk æggehviderne stive. Pisk sukkeret i, indtil blandingen danner stive toppe. Kom kokosen i. Læg rispapiret på en bageplade (kiks) og skefulde af blandingen på bagepladen. Læg en halv kirsebær ovenpå hver. Bages i en forvarmet ovn ved 160°C/325°F/gasmærke 3 i 30 minutter, indtil de er faste. Lad afkøle på rispapiret, og klip eller riv derefter rundt om hver enkelt for at frigøre det fra rispapirarket.

Lime makroner

siden 12

100 g/4 oz mørdej

60 ml/4 spsk limemarmelade

2 æggehvider

50 g/2 oz/¼ kop strøsukker (superfint)

25 g/1 oz/¼ kop malede mandler

10 ml/2 tsk formalet ris

5 ml/1 tsk appelsinblomstvand

Rul mørdejen (pastaen) ud og brug den til at beklæde dele af en tærteform (kagefade). Læg en teskefuld marmelade i hver bageform (kageskall). Pisk æggehviderne stive. Pisk sukkeret stift og blankt. Rør mandler, ris og appelsinblomstvand i. Hæld i forme, der dækker marmeladen helt. Bages i en forvarmet ovn ved 180°C/350°F/gasmærke 4 i 30 minutter, indtil de er gennemhævet og gyldenbrune.

Havregrynsmakroner

siden 24

175 g/6 oz/1½ kopper havregryn

175 g/6 oz/¾ kop muscovadosukker

120 ml/4 fl oz/½ kop olie

1 æg

2,5 ml/½ tsk salt

2,5 ml/½ tsk mandelessens (ekstrakt)

Bland havre, sukker og olie og lad det stå i 1 time. Pisk æg, salt og mandelessens i. Læg skefulde af blandingen på en smurt (kiks) bakke og bag i en forvarmet ovn ved 160°C/325°F/gasmærke 3 i 20 minutter, indtil den er gyldenbrun.

madeleines

siden 9

100 g/4 oz/½ kop smør eller margarine, blødgjort

100 g/4 oz/½ kop strøsukker (superfint)

2 æg, let pisket

100 g/4 oz/1 kop selvhævende mel (selvhævende)

175 g/6 oz/½ kop jordbær- eller hindbærsyltetøj (på dåse)

60 ml/4 spsk vand

50 g/2 oz/½ kop tørret kokosnød (revet)

5 glaserede (kandiserede) kirsebær, halveret

Pisk smør eller margarine, indtil det er klart, og pisk derefter sukkeret i, indtil det er lyst og luftigt. Pisk gradvist æggene i, og rør derefter melet i. Hæld i ni smurte dariole (slotbudding) ramekins og anret på en bageplade (kiks). Bages i en forvarmet ovn ved 190°C/375°F/gasmærke 5 i 20 minutter, indtil de er gennemhævet og gyldenbrune. Lad dem køle af i ramekins i 5 minutter, og vend dem derefter på en rist for at afslutte afkøling.

Klip toppen af hver kage til en flad bund. Sigt (filtrer) syltetøjet og bring det i kog sammen med vandet i en lille gryde under omrøring, indtil det er godt blandet. Spred kokosnødden ud på et stort stykke vokset (vokset) papir. Stik en tandstik i bunden af den første kage, pensl med syltetøjsglasuren, og rul den derefter i kokos, indtil den er dækket. Sæt på et serveringsfad. Gentag med de resterende kager. Pynt med halvglaserede kirsebær.

Marcipan kager

Det er omkring 12

450 g/1 lb/4 kopper malede mandler

100 g/4 oz/2/3 kop flormelis (konditorer), sigtet

100 g/4 oz/½ kop strøsukker (superfint)

30ml/2 spsk vand

3 æggehvider

                    Til glasuren (glasuren):
100 g/4 oz/2/3 kop flormelis (konditorer), sigtet

1 æggehvide

2,5 ml/½ teskefuld eddike

Bland alle kageingredienserne sammen i en stegepande og varm forsigtigt op under omrøring, indtil dejen har absorberet al væsken. Fjern fra varmen og lad det køle af. Rul ud på en let meldrysset overflade til en tykkelse på 1 cm/½ og skær i 3 cm/1½ strimler. Skær i 5 cm/2 længder, anbring på en smurt (kiks) bakke og bag i en forvarmet ovn ved 150°C/300°F/gasmærke 2 i 20 minutter, indtil overfladen er lysebrun. Lad afkøle.

For at forberede glasuren skal du gradvist blande æggehviden og eddike i pulveriseret sukker, indtil du har en glat, tyk glasur. Hæld glasuren på kagerne.

muffin

siden 12

225 g/8 oz/2 kopper almindeligt mel (alle formål)

100 g/4 oz/½ kop strøsukker (superfint)

10 ml/2 tsk bagepulver

2,5 ml/½ tsk salt

1 æg, let pisket

250 ml/8 fl oz/1 kop mælk

120 ml/4 fl oz/½ kop olie

Bland mel, sukker, bagepulver og salt og lav en fordybning i midten. Bland de resterende ingredienser sammen og rør i de tørre ingredienser, indtil de lige er blandet. Bland ikke for meget. Hæld i muffinkopper (papir) eller smurte muffinkopper (forme) og bag dem i en forvarmet ovn ved 200°C/400°F/gasmærke 6 i 20 minutter, indtil de er hævede og fjedrende at røre ved.

Æble muffins

siden 12

225 g/8 oz/2 kopper almindeligt mel (alle formål)

100 g/4 oz/½ kop strøsukker (superfint)

10 ml/2 tsk bagepulver

2,5 ml/½ tsk salt

1 æg, let pisket

250 ml/8 fl oz/1 kop mælk

120 ml/4 fl oz/½ kop olie

2 spise (dessert) æbler, skrællet, udkernet og hakket

Bland mel, sukker, bagepulver og salt og lav en fordybning i midten. Bland de resterende ingredienser sammen og rør i de tørre ingredienser, indtil de lige er blandet. Bland ikke for meget. Hæld i muffinkopper (papir) eller smurte muffinkopper (forme) og bag dem i en forvarmet ovn ved 200°C/400°F/gasmærke 6 i 20 minutter, indtil de er hævede og fjedrende at røre ved.

Bananmuffin

siden 12

225 g/8 oz/2 kopper almindeligt mel (alle formål)

100 g/4 oz/½ kop strøsukker (superfint)

10 ml/2 tsk bagepulver

2,5 ml/½ tsk salt

1 æg, let pisket

250 ml/8 fl oz/1 kop mælk

120 ml/4 fl oz/½ kop olie

2 bananer, mosede

Bland mel, sukker, bagepulver og salt og lav en fordybning i midten. Bland de resterende ingredienser sammen og rør i de tørre ingredienser, indtil de lige er blandet. Bland ikke for meget. Hæld i muffinkopper (papir) eller smurte muffinkopper (forme) og bag dem i en forvarmet ovn ved 200°C/400°F/gasmærke 6 i 20 minutter, indtil de er hævede og fjedrende at røre ved.

Solbærmuffins

siden 12

225 g/8 oz/2 kopper selvhævende mel (selvhævende)

75 g/3 oz/1/3 kop granuleret sukker (superfint)

2 æggehvider

75 g/3 oz solbær

200 ml / 7 fl oz / sparsom 1 kop mælk

30 ml/2 spsk olie

Bland mel og sukker sammen. Pisk æggehviderne let, og vend dem derefter i de tørre ingredienser. Bland solbær, mælk og olie. Hæld i smurte muffinforme (forme) og bag dem i en forvarmet ovn ved 200°C/400°F/gasmærke 6 i 15-20 minutter, indtil de er gyldenbrune.

Amerikanske blåbærmuffins

siden 12

150 g/5 oz/1¼ kopper almindeligt mel (all-purpose)

75 g/3 oz/¾ kop majsmel

75 g/3 oz/1/3 kop granuleret sukker (superfint)

10 ml/2 tsk bagepulver

En knivspids salt

1 æg, let pisket

75 g/3 oz/1/3 kop smør eller margarine, smeltet

250 ml/8 fl oz/1 kop kærnemælk

100 g/4 oz blåbær

Bland mel, majsmel, sukker, bagepulver og salt og lav et hul i midten. Tilsæt æg, smør eller margarine og kærnemælk og bland indtil det er blandet. Bland blåbær eller brombær. Hæld i (papir) muffinforinger og bag i en forvarmet ovn ved 200°C/400°F/gasmærke 6 i 20 minutter, indtil de er gyldenbrune og fjedrende at røre ved.

Kirsebærmuffins

siden 12

225 g/8 oz/2 kopper almindeligt mel (alle formål)

100 g/4 oz/½ kop strøsukker (superfint)

100 g/4 oz/½ kop glacé (kandiserede) kirsebær

10 ml/2 tsk bagepulver

2,5 ml/½ tsk salt

1 æg, let pisket

250 ml/8 fl oz/1 kop mælk

120 ml/4 fl oz/½ kop olie

Bland mel, sukker, kirsebær, bagepulver og salt og lav en fordybning i midten. Bland de resterende ingredienser sammen og rør i de tørre ingredienser, indtil de lige er blandet. Bland ikke for meget. Hæld i muffinkopper (papir) eller smurte muffinkopper (forme) og bag dem i en forvarmet ovn ved 200°C/400°F/gasmærke 6 i 20 minutter, indtil de er hævede og fjedrende at røre ved.

Chokolade muffins

Gør 10-12

175 g/6 oz/1½ kopper mel (all-purpose)

40 g/1½ oz/1/3 kop kakao (usødet chokolade) pulver

100 g/4 oz/½ kop strøsukker (superfint)

10 ml/2 tsk bagepulver

2,5 ml/½ tsk salt

1 stort æg

250 ml/8 fl oz/1 kop mælk

2,5 ml/½ tsk vaniljeessens (ekstrakt)

120 ml/4 fl oz/½ kop solsikke- eller vegetabilsk olie

Bland de tørre ingredienser og lav et hul i midten. Bland æg, mælk, vaniljeessens og olie godt sammen. Rør hurtigt væsken i de tørre ingredienser, indtil det hele er inkorporeret. Bland ikke for meget; blandingen skal være klumpet. Hæld i cupcake liners (papir) eller forme (bakker) til muffins og bag i en forvarmet ovn ved 200°C/400°F/gasmærke 6 i ca. 20 minutter, indtil de er godt hævet og fjedrende at røre ved.

Chokolade chip muffins

siden 12

175 g/6 oz/1½ kopper mel (all-purpose)

100 g/4 oz/½ kop strøsukker (superfint)

45 ml/3 spsk kakao (usødet chokolade) pulver

100 g/4 oz/1 kop chokoladechips

10 ml/2 tsk bagepulver

2,5 ml/½ tsk salt

1 æg, let pisket

250 ml/8 fl oz/1 kop mælk

120 ml/4 fl oz/½ kop olie

2,5 ml/½ tsk vaniljeessens (ekstrakt)

Bland mel, sukker, kakao, chokoladechips, bagepulver og salt og lav en fordybning i midten. Bland de resterende ingredienser sammen og rør i de tørre ingredienser, indtil de lige er blandet. Bland ikke for meget. Hæld i muffinkopper (papir) eller smurte muffinkopper (forme) og bag dem i en forvarmet ovn ved 200°C/400°F/gasmærke 6 i 20 minutter, indtil de er hævede og fjedrende at røre ved.

Kanel muffins

siden 12

225 g/8 oz/2 kopper almindeligt mel (alle formål)

100 g/4 oz/½ kop strøsukker (superfint)

10 ml/2 tsk bagepulver

5 ml/1 tsk stødt kanel

2,5 ml/½ tsk salt

1 æg, let pisket

250 ml/8 fl oz/1 kop mælk

120 ml/4 fl oz/½ kop olie

Bland mel, sukker, bagepulver, kanel og salt og lav en fordybning i midten. Bland de resterende ingredienser sammen og rør i de tørre ingredienser, indtil de lige er blandet. Bland ikke for meget. Hæld i muffinkopper (papir) eller smurte muffinkopper (forme) og bag dem i en forvarmet ovn ved 200°C/400°F/gasmærke 6 i 20 minutter, indtil de er hævede og fjedrende at røre ved.

Majsmel muffins

siden 12

50 g/2 oz/½ kop mel (all-purpose)

100 g/4 oz/1 kop majsmel

5 ml/1 tsk bagepulver

1 æg, adskilt

1 æggeblomme

30 ml/2 spsk majsolie

30 ml/2 spsk mælk

Bland mel, majsmel og bagepulver sammen. Pisk æggeblommer, olie og mælk, og vend dem derefter i de tørre ingredienser. Pisk æggehviden stiv, og kom den derefter i blandingen. Hæld i muffinkopper (papir) eller smurte muffinkopper (forme) og bag dem i en forvarmet ovn ved 200°C/400°F/gasmærke 6 i ca. 20 minutter, indtil de er gyldenbrune.

Fuldkornsmuffins med figner

gør 10

100 g/4 oz/1 kop fuldkornshvedemel (fuldkorn)

5 ml/1 tsk bagepulver

50 g/2 oz/½ kop havregryn

50 g/2 oz/1/3 kop tørrede figner, hakket

45 ml/3 spsk olie

75 ml/5 spsk mælk

15 ml/1 spiseskefuld sort sirup (melasse)

1 æg, let pisket

Bland mel, bagepulver og havre, og vend derefter fignerne i. Varm olie, mælk og melasse sammen, indtil de er kombineret, og kom derefter de tørre ingredienser sammen med ægget og ælt til en fast dej. Læg skefulde af blandingen i muffinforinger (papir) eller smurte muffinforme (forme) og bag dem i en forvarmet ovn ved 190°C/375°F/gasmærke 5 i ca. 20 minutter, indtil de er gyldenbrune.

Muffin frugt og klid

siden 8

100 g/4 oz/1 kop All Bran korn

50 g/2 oz/½ kop mel (all-purpose)

2,5 ml/½ tsk bagepulver

5 ml/1 tsk bagepulver (natriumbicarbonat)

5 ml/1 tsk blandet krydderi (æblekage) malet

50 g/2 oz/1/3 kop rosiner

100 g/4 oz/1 kop æblemos (sovs)

5 ml/1 tsk vaniljeessens (ekstrakt)

30 ml/2 spsk mælk

Bland de tørre ingredienser og lav et hul i midten. Tilsæt rosiner, æblemos og vaniljeessens og mælk efter behov for at få en blød blanding. Hæld i muffinkopper (papir) eller smurte muffinkopper (forme) og bag i en forvarmet ovn ved 200°C/400°F/gasmærke 6 i 20 minutter, indtil de er godt hævet og brunet.

Havre muffins

gør 20

100 g/4 oz/1 kop havregryn

100 g/4 oz/1 kop havregryn

225 g/8 oz/2 kopper fuldkornshvedemel (fuldkorn)

10 ml/2 tsk bagepulver

50 g/2 oz/1/3 kop rosiner (valgfrit)

375 ml/13 fl oz/1½ kopper mælk

10 ml/2 tsk olie

2 æggehvider

Bland havregryn, mel og bagepulver sammen og rør rosinerne i, hvis du bruger det. Bland mælk og olie. Pisk æggehviderne stive, og kom dem derefter i blandingen. Hæld i muffinkopper (papir) eller smurte muffinkopper (forme) og bag dem i en forvarmet ovn ved 190°C/375°F/gasmærke 5 i ca. 25 minutter, indtil de er gyldenbrune.

Havregryn muffins og frugt

gør 10

100 g/4 oz/1 kop fuldkornshvedemel (fuldkorn)

100 g/4 oz/1 kop havregryn

15 ml/1 spsk bagepulver

100 g/4 oz/2/3 kop sultanas (gyldne rosiner)

50 g/2 oz/½ kop hakkede blandede nødder

1 spiseæble (sødt), skrællet, udkernet og revet

45 ml/3 spsk olie

30 ml/2 spsk klar honning

15 ml/1 spiseskefuld sort sirup (melasse)

1 æg, let pisket

90 ml/6 spsk mælk

Bland mel, havregryn og bagepulver sammen. Inkorporer sultanas, valnødder og æble. Varm olie, honning og melasse sammen, indtil de er smeltet, og fold dem derefter i æggeblandingen og lige nok mælk til at få en glat konsistens. Hæld i muffinkopper (papir) eller smurte muffinkopper (forme) og bag dem i en forvarmet ovn ved 190°C/375°F/gasmærke 5 i ca. 25 minutter, indtil de er gyldenbrune.

Orange muffins

siden 12

100 g/4 oz/1 kop selvhævende mel (selvhævende)

100 g/4 oz/½ kop blødt brun farin

1 æg, let pisket

120 ml/4 fl oz/½ kop appelsinjuice

60 ml/4 spsk olie

2,5 ml/½ tsk vaniljeessens (ekstrakt)

25 g/1 oz/2 spsk smør eller margarine

30 ml/2 spsk mel (alle formål)

2,5 ml/½ tsk stødt kanel

Bland det selvhævende mel og halvdelen af sukkeret i en skål. Bland æg, appelsinjuice, olie og vaniljeessens sammen, og rør derefter de tørre ingredienser i, indtil det er blandet. Bland ikke for meget. Hæld i muffinkopper (papir) eller smurte muffinkopper (forme) og bag i en forvarmet ovn ved 200°C/400°F/gasmærke 6 i 10 minutter.

Gnid i mellemtiden smør eller margarine til topping i det almindelige mel, og rør derefter det resterende sukker og kanel i. Drys muffinsene og sæt dem tilbage i ovnen i yderligere 5 minutter, indtil de er gyldenbrune.

Ferskenmuffins

siden 12

225 g/8 oz/2 kopper almindeligt mel (alle formål)

100 g/4 oz/½ kop strøsukker (superfint)

10 ml/2 tsk bagepulver

2,5 ml/½ tsk salt

1 æg, let pisket

175 ml/6 fl oz/¾ kop mælk

120 ml/4 fl oz/½ kop olie

200 g/7 oz/1 lille dåse ferskner, drænet og hakket

Bland mel, sukker, bagepulver og salt og lav en fordybning i midten. Bland de resterende ingredienser sammen og rør i de tørre ingredienser, indtil de lige er blandet. Bland ikke for meget. Hæld i muffinkopper (papir) eller smurte muffinkopper (forme) og bag dem i en forvarmet ovn ved 200°C/400°F/gasmærke 6 i 20 minutter, indtil de er hævede og fjedrende at røre ved.

Jordnøddesmør muffins

siden 12

225 g/8 oz/2 kopper almindeligt mel (alle formål)

100 g/4 oz/½ kop blødt brun farin

10 ml/2 tsk bagepulver

2,5 ml/½ tsk salt

1 æg, let pisket

250 ml/8 fl oz/1 kop mælk

120 ml/4 fl oz/½ kop olie

45 ml/3 spsk jordnøddesmør

Bland mel, sukker, bagepulver og salt og lav en fordybning i midten. Bland de resterende ingredienser sammen og rør i de tørre ingredienser, indtil de lige er blandet. Bland ikke for meget. Hæld i muffinkopper (papir) eller smurte muffinkopper (forme) og bag dem i en forvarmet ovn ved 200°C/400°F/gasmærke 6 i 20 minutter, indtil de er hævede og fjedrende at røre ved.

Ananas muffins

siden 12

225 g/8 oz/2 kopper almindeligt mel (alle formål)

100 g/4 oz/½ kop blødt brun farin

10 ml/2 tsk bagepulver

2,5 ml/½ tsk salt

1 æg, let pisket

175 ml/6 fl oz/¾ kop mælk

120 ml/4 fl oz/½ kop olie

200 g/7 oz/1 lille dåse ananas, drænet og hakket

30 ml/2 spsk demerara sukker

Bland mel, blød farin, bagepulver og salt og lav en fordybning i midten. Bland alle andre ingredienser undtagen demerara sukker og bland de tørre ingredienser, indtil de er blandet. Bland ikke for meget. Hæld i muffinsforme (papirer) eller smurte muffinsforme (forme) og drys demerara sukker. Bages i en forvarmet ovn ved 200°C/400°F/gasmærke 6 i 20 minutter, indtil de er godt hævet og fjedrende at røre ved.

Hindbær muffins

siden 12

225 g/8 oz/2 kopper almindeligt mel (alle formål)

100 g/4 oz/½ kop strøsukker (superfint)

10 ml/2 tsk bagepulver

2,5 ml/½ tsk salt

200 g hindbær

1 æg, let pisket

250 ml/8 fl oz/1 kop mælk

120 ml/4 fl oz/½ kop vegetabilsk olie

Bland mel, sukker, bagepulver og salt sammen. Tilsæt hindbærene og lav et springvand i midten. Bland æg, mælk og olie og hæld i de tørre ingredienser. Bland forsigtigt, indtil alle de tørre ingredienser er blandet, men blandingen stadig er klumpet. Overdriv det ikke. Læg blandingen i muffinsforme (papir) eller smurte muffinforme (forme) og bag i en forvarmet ovn ved 200°C/400°F/gasmærke 6 i 20 minutter, indtil den er godt hævet og fjedrende at røre ved.

Hindbær- og citronmuffins

siden 12

175 g/6 oz/1½ kopper mel (all-purpose)

50 g/2 oz/¼ kop granuleret sukker

50 g/2 oz/¼ kop blødt brun farin

10 ml/2 tsk bagepulver

5 ml/1 tsk stødt kanel

En knivspids salt

1 æg, let pisket

100 g/4 oz/½ kop smør eller margarine, smeltet

120 ml/4 fl oz/½ kop mælk

100 g/4 oz friske hindbær

10 ml/2 tsk revet citronskal

Til fyldet:
75 g/3 oz/½ kop flormelis (konditorer), sigtet

15 ml/1 spsk citronsaft

Bland mel, perlesukker, farin, bagepulver, kanel og salt i en skål og lav en fordybning i midten. Tilsæt æg, smør eller margarine og mælk og pisk indtil ingredienserne er blandet. Bland hindbær og citronskal. Hæld i muffinkopper (papir) eller smurte muffinkopper (forme) og bag i en forvarmet ovn ved 180°C/350°F/gasmærke 4 i 20 minutter, indtil de er gyldenbrune og smidige at røre ved. Bland flormelis og citronsaft til toppingen og hæld over de lune muffins.

Rosin muffins

siden 12

225 g/8 oz/2 kopper almindeligt mel (alle formål)

100 g/4 oz/½ kop strøsukker (superfint)

100 g/4 oz/2/3 kop sultanas (gyldne rosiner)

10 ml/2 tsk bagepulver

5 ml/1 tsk blandet krydderi (æblekage) malet

2,5 ml/½ tsk salt

1 æg, let pisket

250 ml/8 fl oz/1 kop mælk

120 ml/4 fl oz/½ kop olie

Bland mel, sukker, sultanas, bagepulver, blandede krydderier og salt og lav en brønd i midten. Rør de øvrige ingredienser i, indtil de lige er blandet. Hæld i muffinkopper (papir) eller smurte muffinkopper (forme) og bag dem i en forvarmet ovn ved 200°C/400°F/gasmærke 6 i 20 minutter, indtil de er hævede og fjedrende at røre ved.

Melasse muffins

siden 12

225 g/8 oz/2 kopper almindeligt mel (alle formål)

100 g/4 oz/½ kop blødt brun farin

10 ml/2 tsk bagepulver

2,5 ml/½ tsk salt

1 æg, let pisket

175 ml/6 fl oz/¾ kop mælk

60 ml/4 spsk sort sirup (melasse)

120 ml/4 fl oz/½ kop olie

Bland mel, sukker, bagepulver og salt og lav en fordybning i midten. Rør de øvrige ingredienser i, indtil de lige er blandet. Bland ikke for meget. Hæld i muffinkopper (papir) eller smurte muffinkopper (forme) og bag dem i en forvarmet ovn ved 200°C/400°F/gasmærke 6 i 20 minutter, indtil de er hævede og fjedrende at røre ved.

Melasse og havregryn muffins

gør 10

100 g/4 oz/1 kop mel (alle formål))

175 g/6 oz/1½ kopper havregryn

100 g/4 oz/½ kop blødt brun farin

15 ml/1 spsk bagepulver

5 ml/1 tsk stødt kanel

2,5 ml/½ tsk salt

1 æg, let pisket

120 ml/4 fl oz/½ kop mælk

60 ml/4 spsk sort sirup (melasse)

75 ml/5 spsk olie

Bland mel, havre, sukker, bagepulver, kanel og salt og lav et hul i midten. Bland de øvrige ingredienser sammen, og kom derefter de tørre ingredienser sammen, indtil de lige er blandet. Bland ikke for meget. Hæld i muffinkopper (papir) eller smurte muffinkopper (forme) og bag i en forvarmet ovn ved 200°C/400°F/gasmærke 6 i 15 minutter, indtil de er godt hævet og fjedrende at røre ved.

Havregryn toast

siden 8

225 g/8 oz/2 kopper havregryn

100 g/4 oz/1 kop fuldkornshvedemel (fuldkorn)

5 ml/1 tsk salt

5 ml/1 tsk bagepulver

50 g/2 oz/¼ kop spæk (afkortning)

30 ml/2 spsk koldt vand

Bland de tørre ingredienser sammen, og gnid derefter svinefedtet i, indtil det ligner brødkrummer. Bland i nok vand til at lave en fast dej. Rul ud på en let meldrysset overflade til en cirkel på 18 cm/7 og skær i otte tern. Placer på en smurt (kiks) bakke og bag i en forvarmet ovn ved 180°C/350°F/gasmærke 4 i 25 minutter. Server med smør, marmelade eller marmelade.

Jordbær svamp

siden 18

5 æggeblommer

75 g/3 oz/1/3 kop granuleret sukker (superfint)

En knivspids salt

Revet skal af ½ citron

4 æggehvider

40 g/1½ oz/1/3 kop majsstivelse (majsstivelse)

40 g/1½ oz/1/3 kop mel (all-purpose)

40 g/1½ oz/3 spsk smør eller margarine, smeltet

300 ml/½ pt/1¼ kopper piskefløde

225 g jordbær

Flormelis (til wienerbrød) sigtet til afstøvning

Pisk æggeblommerne med 25 g/1 oz/2 spsk perlesukker, indtil de er blege og tykke, og tilsæt derefter salt og citronskal. Pisk æggehviderne stive, tilsæt derefter det resterende flormelis og fortsæt med at piske til det er godt pisket og blankt. Rør æggeblommerne i, og rør derefter majsmel og mel i. Tilsæt det smeltede smør eller margarine. Overfør blandingen til en sprøjtepose udstyret med en 1 cm/½ almindelig dyse (spids) og form 15 cm/6 cirkler på en smurt og foret bageplade (kiks). Bages i en forvarmet ovn ved 220°C/425°F/gasmærke 7 i 10 minutter, indtil de er let brunede, men ikke brune. Lad afkøle.

Pisk fløden stiv. Smør et tyndt lag på halvdelen af hver cirkel, anbring jordbærene ovenpå, og afslut med mere creme. Fold over den øverste halvdel af 'omeletten'. Drys med flormelis og server.

Myntekager

siden 12

100 g/4 oz/½ kop smør eller margarine, blødgjort

100 g/4 oz/½ kop strøsukker (superfint)

2 æg, let pisket

75 g/3 oz/¾ kop selvhævende mel (selvhævende)

10 ml/2 tsk kakao (usødet chokolade) pulver

En knivspids salt

225 g/8 oz/11/3 kopper flormelis (konditorer), sigtet

30ml/2 spsk vand

Et par dråber grøn madfarve

Et par dråber pebermynteessens (ekstrakt)

Chokolademynte, halveret, til pynt

Pisk smør eller margarine og sukker lyst og luftigt, og vend derefter æggene gradvist i. Tilsæt mel, kakao og salt. Hæld i smurte ramekins (frikadelleforme) og bag dem i en forvarmet ovn ved 200°C/400°F/gasmærke 6 i 10 minutter, indtil de er spændstige. Lad afkøle.

Sigt flormelis i en skål og tilsæt 15 ml/1 spsk vand, og tilsæt derefter madfarve og pebermynteessens efter smag. Tilsæt om nødvendigt mere vand for at give en konsistens, der dækker bagsiden af en ske. Fordel glasuren på kagerne og pynt med chokolademynte.

Rosinkager

siden 12

175 g/6 oz/1 kop rosiner

250 ml/8 fl oz/1 kop vand

5 ml/1 tsk bagepulver (natriumbicarbonat)

100 g/4 oz/½ kop smør eller margarine, blødgjort

100 g/4 oz/½ kop blødt brun farin

1 æg, pisket

5 ml/1 tsk vaniljeessens (ekstrakt)

200 g/7 oz/1¾ kopper almindeligt mel (all-purpose)

5 ml/1 tsk bagepulver

En knivspids salt

Bring rosinerne, vand og natron i kog i en gryde, og lad dem simre forsigtigt i 3 minutter. Lad det køle af til det er lunkent. Pisk smør eller margarine og sukker lyst og luftigt. Tilsæt gradvist æg og vaniljeessens. Rør rosinblandingen i, bland derefter mel, bagepulver og salt i. Hæld blandingen i muffinsforme (papir) eller smurte muffinforme (forme) og bag i en forvarmet ovn ved 180°C/350°F/gasmærke 4 i 12-15 minutter, indtil den er gennemhævet og gyldenbrun.

Krøller af rosiner

siden 24

225 g/8 oz/2 kopper almindeligt mel (alle formål)

En knivspids malet blandet (æblekage) krydderi

5 ml/1 tsk bagepulver (natriumbicarbonat)

225 g/8 oz/1 kop strøsukker (superfint)

45 ml/3 spsk malede mandler

225 g/8 oz/1 kop smør eller margarine, smeltet

45 ml/3 spsk rosiner

1 æg, let pisket

Bland de tørre ingredienser sammen, og rør derefter det smeltede smør eller margarine i, derefter rosiner og æg. Bland godt, indtil du får en stiv pasta. Rul ud på en let meldrysset overflade til en tykkelse på ca. 5 mm/ og skær i 5 mm x 20 cm/ x 8 tommer strimler. Fugt den øverste overflade let med lidt vand, og rul derefter hver strimmel op fra den kortere ende. Placer på en smurt (kiks) bakke og bag i en forvarmet ovn ved 200°C/400°F/gasmærke 6 i 15 minutter, indtil de er gyldenbrune.

Brune ris og solsikke kager

siden 12

75 g/3 oz/¾ kop kogte brune ris

50 g/2 oz/½ kop solsikkefrø

25 g/1 oz/¼ kop sesamfrø

40 g/1½ oz/¼ kop rosiner

40 g/1½ oz/¼ kop glacé (kandiserede) kirsebær, i kvarte

25 g/1 oz/2 spsk blødt brun farin

15 ml/1 spiseskefuld klar honning

75 g/3 oz/1/3 kop smør eller margarine

5 ml/1 tsk citronsaft

Bland ris, frø og frugt. Smelt sukker, honning, smør eller margarine og citronsaft og tilsæt dem til risblandingen. Hæld i 12 ramekins (cupcake-indpakninger) og bag i en forvarmet ovn ved 200°C/400°F/gasmærke 6 i 15 minutter.

Rock kager

siden 12

225 g/8 oz/2 kopper almindeligt mel (alle formål)

En knivspids salt

10 ml/2 tsk bagepulver

50 g/2 oz/¼ kop smør eller margarine

50 g/2 oz/¼ kop spæk (afkortning)

100 g/4 oz/2/3 kop tørret blandet frugt (frugtkageblanding)

100 g/4 oz/½ kop demerara sukker

Revet skal af ½ citron

1 æg

15–30 ml/1–2 spsk mælk

Bland mel, salt og bagepulver sammen, og rør derefter smør eller margarine og svinefedt i, indtil det ligner brødkrummer. Bland frugt, sukker og citronskal. Pisk ægget med 15 ml/1 spsk mælk, tilsæt de tørre ingredienser og ælt til en kompakt dej, tilsæt mere mælk om nødvendigt. Læg små klatter af blandingen på en smurt (kiks) bakke og bag i en forvarmet ovn ved 200°C/400°F/gasmærke 6 i 15-20 minutter, indtil den er gyldenbrun.

Stenkager uden sukker

siden 12

75 g/3 oz/1/3 kop smør eller margarine

175 g/6 oz/1¼ kopper fuldkornshvedemel (fuldkorn)

50 g/2 oz/½ kop havregryn

10 ml/2 tsk bagepulver

5 ml/1 tsk stødt kanel

100 g/4 oz/2/3 kop sultanas (gyldne rosiner)

Revet skal af 1 citron

1 æg, let pisket

90 ml/6 spsk mælk

Gnid smørret eller margarinen ind i mel, bagepulver og kanel, indtil du får en blanding, der ligner brødkrummer. Kombiner sultanas og citronskal. Tilsæt æg og mælk efter behov for at få en blød blanding. Læg skefulde på en smurt (kiks)pande og bag i en forvarmet ovn ved 200°C/400°F/gasmærke 6 i 15-20 minutter, indtil de er gyldenbrune.

Safrankager

siden 12

En knivspids safranpulver

75 ml/5 spsk kogende vand

75 ml/5 spsk koldt vand

100 g/4 oz/½ kop smør eller margarine, blødgjort

225 g/8 oz/1 kop strøsukker (superfint)

2 æg, let pisket

225 g/8 oz/2 kopper almindeligt mel (alle formål)

10 ml/2 tsk bagepulver

2,5 ml/½ tsk salt

175 g/6 oz/1 kop sultanas (gyldne rosiner)

175 g/6 oz/1 kop blandede skræl (kandiserede) hakket

Læg safranen i blød i det kogende vand i 30 minutter, og tilsæt derefter det kolde vand. Pisk smør eller margarine og sukker lyst og luftigt, og vend derefter æggene gradvist i. Bland melet med bagepulver og salt, og bland derefter 50 g/2 oz/½ kop af melblandingen med sultanas og blandet skal. Kom melet i cremen skiftevis med vandet og safran, og tilsæt derefter frugten. Hæld i muffinsforme (papir) eller smurte og meldryssede muffinforme (forme) og bag dem i en forvarmet ovn ved 190°C/375°F/gasmærke 5 i ca. 15 minutter, indtil de er elastiske at røre ved.

Baba med rom

siden 8

100 g/4 oz/1 kop stærkt (brød) mel

5 ml/1 tsk let blandet tørgær

En knivspids salt

45 ml/3 spsk varm mælk

2 æg, let pisket

50 g/2 oz/¼ kop smør eller margarine, smeltet

25 g/1 oz/3 spsk ribs

Til siruppen:

250 ml/8 fl oz/1 kop vand

75 g/3 oz/1/3 kop granuleret sukker

20 ml/4 tsk citronsaft

60 ml/4 spsk rom

Til glasur og dekoration:

60 ml/4 spsk abrikosmarmelade (konserveret), sigtet (sigtet)

15 ml/1 spiseskefuld vand

150 ml/¼ pt/2/3 kop piskefløde eller dobbelt fløde (tung)

4 glaserede (kandiserede) kirsebær, halveret

Et par strimler angelica, skåret i trekanter

Bland mel, bagepulver og salt i en skål og lav en fordybning i midten. Bland mælk, æg og smør eller margarine sammen, og pisk derefter melet i til en jævn dej. Rør ribsene i. Hæld dejen i otte individuelle smurte og meldrysede ringformede ramekins (rørpander), så den kun er en tredjedel af ramekins højden. Dæk med smurt folie (plastfolie) og lad stå et lunt sted i 30 minutter, indtil dejen har hævet til toppen af ramekins. Bages i en forvarmet ovn ved 200°C/400°F/gasmærke 6 i 15 minutter, indtil de er gyldenbrune. Vend formene på hovedet og lad dem køle af i 10 minutter, og tag herefter kiksene ud af formene og læg dem i en stor dyb tallerken. Prik dem alle sammen med en gaffel.

For at tilberede siruppen opvarmes vandet, sukkeret og citronsaften ved lav varme under omrøring, indtil sukkeret er opløst. Skru op for varmen og bring det i kog. Tag fra varmen og rør rommen i. Hæld den varme sirup over kagerne og lad dem trække i 40 minutter.

Varm marmelade og vand op ved svag varme, indtil det er godt blandet. Pensl babas og anret dem på en tallerken. Pisk fløden og læg den i midten af hver kage. Pynt med kirsebær og angelica.

Svampekager

siden 24

5 æggeblommer

75 g/3 oz/1/3 kop granuleret sukker (superfint)

7 æggehvider

75 g/3 oz/¾ kop majsstivelse (majsstivelse)

50 g/2 oz/½ kop mel (all-purpose)

Pisk æggeblommerne med 15 ml/1 spsk sukker, indtil blandingen er klar og tyk. Pisk æggehviderne stive, og vend derefter det resterende sukker i, indtil blandingen er tyk og blank. Inkorporer majsstivelsen, og hjælp dig selv med en metalske. Bland halvdelen af æggeblommerne med hviderne med en metalske, og tilsæt derefter de resterende æggeblommer. Vend forsigtigt melet i. Overfør blandingen til en sprøjtepose udstyret med en 2,5 cm/1 i almindelig dyse (spids) og form runde kager med god afstand fra hinanden på en smurt, foret bageplade (kiks). Bages i en forvarmet ovn ved 200°C/400°F/gasmærke 6 i 5 minutter, og reducer derefter ovntemperaturen til 180°C/350°F/gasmærke 4 i yderligere 10 minutter, indtil den er gyldenbrun og fjedrende. røre ved.

Svampekage med chokolade

siden 12

5 æggeblommer

75 g/3 oz/1/3 kop granuleret sukker (superfint)

7 æggehvider

75 g/3 oz/¾ kop majsstivelse (majsstivelse)

50 g/2 oz/½ kop mel (all-purpose)

60 ml/4 spsk abrikosmarmelade (konserveret), sigtet (sigtet)

30ml/2 spsk vand

1 mængde kogt chokolade glasur

150 ml/¼ pt/2/3 kop piskefløde

Pisk æggeblommerne med 15 ml/1 spsk sukker, indtil blandingen er klar og tyk. Pisk æggehviderne stive, og vend derefter det resterende sukker i, indtil blandingen er tyk og blank. Inkorporer majsstivelsen, og hjælp dig selv med en metalske. Bland halvdelen af æggeblommerne med hviderne med en metalske, og tilsæt derefter de resterende æggeblommer. Vend forsigtigt melet i. Overfør blandingen til en sprøjtepose udstyret med en 2,5 cm/1 i almindelig dyse (spids) og form runde kager med god afstand fra hinanden på en smurt, foret bageplade (kiks). Bages i en forvarmet ovn ved 200°C/400°F/gasmærke 6 i 5 minutter, og reducer derefter ovntemperaturen til 180°C/350°F/gasmærke 4 i yderligere 10 minutter, indtil den er gyldenbrun og fjedrende. røre ved. Overfør til en rist.

Kog marmelade og vand, indtil det er tyknet og godt blandet, og pensl derefter toppen af kagerne. Lad afkøle. Dyp svampekagerne i chokoladeglasuren, og lad dem derefter køle af. Pisk fløden stiv, og kom derefter kageparrene sammen med cremen.

Sommer snebolde

siden 24

100 g/4 oz/½ kop smør eller margarine, blødgjort

100 g/4 oz/½ kop strøsukker (superfint)

5 ml/1 tsk vaniljeessens (ekstrakt)

2 æg, let pisket

225 g/8 oz/2 kopper selvhævende mel (selvhævende)

120 ml/4 fl oz/½ kop mælk

120 ml/4 fl oz/½ kop dobbelt creme (tung)

25 g/1 oz/3 spsk flormelis (konditorer), sigtet

60 ml/4 spsk abrikosmarmelade (konserveret), sigtet (sigtet)

30ml/2 spsk vand

150 g/5 oz/1¼ kopper tørret kokosnød (revet)

Pisk smør eller margarine og sukker sammen til det er lyst og luftigt. Tilsæt gradvist vaniljeessensen og æggene, og tilsæt derefter melet skiftevis med mælken. Hæld blandingen i smurte muffinsforme (forme) og bag i en forvarmet ovn ved 180°C/350°F/gasmærke 4 i 15 minutter, indtil den er godt hævet og fjedrende at røre ved. Overfør til en rist til afkøling. Skær toppen af muffinsene af.

Pisk fløde og flormelis stift, hæld derefter lidt over hver muffin og sæt låget på igen. Varm marmeladen op med vandet, indtil den er blandet, pensl den derefter over muffinsene og drys rigeligt med kokos.

Svampedråber

siden 12

3 æg, pisket

100 g/4 oz/½ kop strøsukker (superfint)

2,5 ml/½ tsk vaniljeessens (ekstrakt)

100 g/4 oz/1 kop mel (alle formål))

5 ml/1 tsk bagepulver

100 g/4 oz/1/3 kop hindbærsyltetøj (på dåse)

150 ml/¼ pt/2/3 kop dobbeltfløde (tung), pisket

Flormelis (til wienerbrød) sigtet til afstøvning

Læg æg, perlesukker og vaniljeessens i en varmefast skål over en gryde med kogende vand og pisk til det er tyknet. Tag skålen af panden og kom mel og bagepulver sammen. Læg små skefulde af blandingen på en smurt (kiks)pande og bag i en forvarmet ovn ved 190°C/375°F/gasmærke 5 i 10 minutter, indtil den er gyldenbrun. Overfør til en rist og lad det køle af. Kombiner dråberne med marmelade og fløde og drys med flormelis til servering.

Grundlæggende marengs

Gør 6-8

2 æggehvider

100 g/4 oz/½ kop strøsukker (superfint)

Pisk æggehviderne i en ren, fedtfri skål, indtil de begynder at danne bløde toppe. Tilsæt halvdelen af sukkeret og fortsæt med at piske indtil blandingen er fast. Tilsæt det resterende sukker let med en metalske. Beklæd en bageplade (kiks) med bagepapir og anret 6-8 bunker marengs på bagepladen. Tør marengsene ved lavest mulig temperatur i ovnen i 2-3 timer. Afkøl på en rist.

Mandelmarengs

siden 12

2 æggehvider

100 g/4 oz/½ strøsukker (superfint)

100 g/4 oz/1 kop malede mandler

Et par dråber mandelessens (ekstrakt)

12 halvdele af mandler til pynt

Pisk æggehviderne stive. Tilsæt halvdelen af sukkeret og fortsæt med at piske indtil blandingen danner stive toppe. Tilsæt det resterende sukker, de malede mandler og mandelessensen. Fordel blandingen i 12 skiver på en smurt og beklædt bageplade (kiks) og læg en mandelhalvdel ovenpå hver. Bages i en forvarmet ovn ved 130°C/250°F/gasmærke ½ i 2-3 timer, indtil de er sprøde.

Mandel spansk marengs cookies

siden 16

225 g/8 oz/1 kop granuleret sukker

225 g/8 oz/2 kopper malede mandler

1 æggehvide

100 g/4 oz/1 kop hele mandler

Pisk sukker, malede mandler og æggehvide til du får en jævn dej. Form en kugle og flad dejen med en kagerulle. Skær i ringe og anret dem på en smurt (kiks) bageplade. Tryk en hel mandel ind i midten af hver småkage (småkage). Bages i en forvarmet ovn ved 160°C/325°F/gasmærke 3 i 15 minutter.

Søde marengskurve

siden 6

4 æggehvider

225-250 g/8-9 oz/11/3-1½ kopper pulveriseret sukker (konfekture), sigtet

Et par dråber vaniljeessens (ekstrakt)

Pisk æggehviderne i en ren, fedtfri, varmefast skål, indtil de er skummende, og vend derefter flormelissen gradvist i efterfulgt af vaniljeessens. Stil skålen over en gryde med kogende vand og pisk, indtil marengsen holder sin form og efterlader et tykt spor, når piskeriset løftes. Beklæd en bageplade (kiks) med bagepapir og tegn seks 7,5 cm/3 cirkler på papiret. Brug halvdelen af marengsblandingen til at hælde et lag marengs inde i hver cirkel. Kom resten i en sprøjtepose og form to lag marengs rundt om kanten af hver bund. Tør i en forvarmet ovn ved 150°C/300°F/gasmærke 2 i cirka 45 minutter.

Mandelchips

gør 10

2 æggehvider

100 g/4 oz/½ kop strøsukker (superfint)

75 g/3 oz/¾ kop malede mandler

25 g/1 oz/2 spsk smør eller margarine, blødgjort

50 g/2 oz/1/3 kop flormelis (konditorer), sigtet

10 ml/2 tsk kakao (usødet chokolade) pulver

50 g/2 oz/½ kop mørk chokolade (halvsød), smeltet

Pisk æggehviderne, indtil der dannes stive toppe. Pisk langsomt granuleret sukker i. Kom de hakkede mandler i. Brug en 1/2" (spids) dyse til at røre blandingen i en 5/2" længde på en let olieret (kiks) pande. Bages i en forvarmet ovn ved 140°C/275°F/gasmærke 1 i 1-1½ time. Lad afkøle.

Flød smør eller margarine, flormelis og kakao. Sandwiches par kiks (kiks) sammen med fyldet. Smelt chokoladen i en varmefast skål over en gryde med kogende vand. Dyp enderne af marengserne i chokoladen og lad dem køle af på en rist.

Mandel og citron spansk marengs

gør 30

150 g/5 oz/1¼ kopper blancherede mandler

2 æggehvider

Revet skal af ½ citron

200 g/7 oz/lidt 1 kop strøsukker (superfint)

10 ml/2 tsk citronsaft

Rist mandlerne i en forvarmet ovn ved 150°C/300°F/gasmærke 2 i ca. 30 minutter, indtil de er gyldne og aromatiske. Hak en tredjedel af nødderne groft og hak resten fint.

Pisk æggehviderne stive. Tilsæt citronskal og to tredjedele af sukkeret. Tilsæt citronsaften og blend indtil den er stiv og blank. Tilsæt det resterende sukker og de malede mandler. Kom de hakkede mandler i. Læg skefulde marengs på en smurt, foliebeklædt bageplade (kiks) og sæt den i den forvarmede ovn. Reducer øjeblikkeligt ovntemperaturen til 110°C/225°F/gasmærke ¼ og kog i ca. 1 1/2 time, indtil den er tør.

Chokoladedækkede marengs

siden 4

2 æggehvider

100 g/4 oz/½ kop strøsukker (superfint)

100 g/4 oz/1 kop mørk chokolade (halvsød)

150 ml/¼ pt/2/3 kop dobbeltfløde (tung), pisket

Pisk æggehviderne i en ren, fedtfri skål, indtil de begynder at danne bløde toppe. Tilsæt halvdelen af sukkeret og fortsæt med at piske indtil blandingen stopper i stive toppe. Tilsæt det resterende sukker lidt med en metalske. Beklæd en bageplade (kiks) med bagepapir og anret otte bunker marengs på bagepladen. Tør marengsene ved lavest mulig temperatur i ovnen i 2-3 timer. Afkøl på en rist.

Smelt chokoladen i en varmefast skål over en gryde med kogende vand. Lad afkøle lidt. Dyp forsigtigt fire af marengsene i chokoladen, så ydersiden er overtrukket. Lad hvile på bagepapir (vokset), til det er størknet. Sandwich en chokoladedækket marengs og en almindelig marengs sammen med cremen, og gentag derefter med de resterende marengs.

Marengs Chokolade Mint

siden 18

3 æggehvider

100 g/4 oz/½ kop strøsukker (superfint)

75 g/3 oz/¾ kop hakket chokoladeovertrukket mynte

Pisk æggehviderne stive. Pisk gradvist sukkeret, indtil æggehviderne er faste og blanke. Tilsæt de hakkede mynter. Hæld små skefulde af blandingen på en smurt, foret (kiks)pande og bag i en forvarmet ovn ved 140°C/275°F/gasmærke 1 i 1,5 time, indtil den er tør.

Marengs med chokoladechips og nødder

siden 12

2 æggehvider

175 g/6 oz/¾ kop strøsukker (superfint)

50 g/2 oz/½ kop chokoladechips

25 g/1 oz/¼ kop valnødder, finthakkede

Forvarm ovnen til 190°C/375°F/gasmærke 5. Pisk æggehvider, indtil der dannes bløde toppe. Tilsæt gradvist sukkeret og pisk indtil blandingen danner stive toppe. Rør chokoladechips og nødder i. Hæld blandingen på smurte bageplader (kiks) og sæt den i ovnen. Sluk for ovnen og lad den køle af.

Hasselnøddemarengs

siden 12

100 g/4 oz/1 kop hasselnødder

2 æggehvider

100 g/4 oz/½ kop strøsukker (superfint)

Et par dråber vaniljeessens (ekstrakt)

Reserver 12 valnødder til pynt og mos resten. Pisk æggehviderne stive. Tilsæt halvdelen af sukkeret og fortsæt med at piske indtil blandingen danner stive toppe. Tilsæt det resterende sukker, malede hasselnødder og vaniljeessens. Fordel blandingen i 12 skiver på en smurt og foret bageplade (cookie) og læg en reserveret terning oven på hver. Bages i en forvarmet ovn ved 130°C/250°F/gasmærke ½ i 2-3 timer, indtil de er sprøde.

Marengslagkage med nødder

Giver en 23cm/9

Til kagen:

50 g/2 oz/¼ kop smør eller margarine, blødgjort

150 g/5 oz/2/3 kop strøsukker (superfint)

4 æg, adskilt

100 g/4 oz/1 kop mel (alle formål))

10 ml/2 tsk bagepulver

En knivspids salt

60 ml/4 spsk mælk

5 ml/1 tsk vaniljeessens (ekstrakt)

50 g/2 oz/½ kop pekannødder, finthakkede

Til cremecremen:

250 ml/8 fl oz/1 kop mælk

50 g/2 oz/¼ kop strøsukker (superfint)

50 g/2 oz/½ kop mel (all-purpose)

1 æg

En knivspids salt

120 ml/4 fl oz/½ kop dobbelt creme (tung)

For at forberede kagen, pisk smør eller margarine med 100 g/4 oz/½ kop sukker, indtil det er lyst og luftigt. Tilsæt gradvist æggeblommerne, og tilsæt derefter mel, bagepulver og salt skiftevis med mælk og vaniljeessens. Hæld i to smurte og forede 9/23 cm kageforme (forme) og jævn overfladen. Pisk æggehviderne stive, tilsæt derefter det resterende sukker og pisk igen, indtil de er skummende og blanke. Fordel kageblandingen ovenpå og drys med nødderne. Bag i en forvarmet ovn ved

150°C/300°F/gasmærke 3 i 45 minutter, indtil marengsen er tør. Overfør til en rist til afkøling.

For at tilberede vanillecremen blandes lidt mælk med sukker og mel. Bring resten af mælken i kog i en gryde, hæld sukkerblandingen over og pisk til det er blandet. Kom mælken tilbage i den skyllede gryde og bring det i kog, under konstant omrøring, og lad det simre under omrøring, indtil den er tyknet. Tag af varmen og pisk æg og salt i og lad det køle lidt af. Pisk fløden stiv, og kom den derefter i blandingen. Lad afkøle. Fordel kagerne sammen med cremen.

Skiver af hasselnøddemaretto

gør 20

175 g/6 oz/1½ kopper hasselnødder, skrællet

3 æggehvider

225 g/8 oz/1 kop strøsukker (superfint)

5 ml/1 tsk vaniljeessens (ekstrakt)

5 ml/1 tsk stødt kanel

5 ml/1 tsk revet citronskal

Rispapir

Hak 12 hasselnødder groft, og stød resten, indtil de er knust. Pisk æggehviderne let og luftigt. Tilsæt gradvist sukkeret og fortsæt med at piske indtil blandingen danner stive toppe. Bland hasselnødder, vaniljeessens, kanel og citronskal. Hæld dyngede teskefulde på en rispapirbeklædt (småkage)pande, og flad den derefter ud i tynde strimler. Lad hvile i 1 time. Bages i en forvarmet ovn ved 180°C/350°F/gasmærke 4 i 12 minutter, indtil den er fast at røre ved.

Lag af marengs og nødder

Gør en tærte på 25 cm/10 tommer

100 g/4 oz/½ kop smør eller margarine, blødgjort

400 g/14 oz/1¾ kop strøsukker (superfint)

3 æggeblommer

100 g/4 oz/1 kop mel (alle formål))

10 ml/2 tsk bagepulver

120 ml/4 fl oz/½ kop mælk

100 g/4 oz/1 kop valnødder

4 æggehvider

250 ml/8 fl oz/1 kop dobbelt creme (tung)

5 ml/1 tsk vaniljeessens (ekstrakt)

Kakao (usødet chokolade) pulver til aftørring

Flød smørret eller margarinen og 75 g/¾ kop sukker til det er lyst og luftigt. Tilsæt æggeblommerne gradvist, og tilsæt derefter mel og bagepulver skiftevis med mælken. Rul dejen ud til to smurte og meldryssede 25 cm/10 kageforme (forme). Gem et par nøddehalvdele til pynt, hak resten fint og drys på kagerne. Pisk æggehviderne stive, tilsæt derefter det resterende sukker og pisk igen, indtil blandingen er tyk og blank. Fordel over kagerne og bag dem i en forvarmet ovn ved 180°C/350°F/gasmærke 4 i 25 minutter, dæk kagen med fedtsugende papir mod slutningen af tilberedningen, hvis marengsen begynder at brune for meget. Lad det køle af i formene, og tag derefter kagerne ud med marengsen ovenpå.

Pisk fløden og vaniljeessensen stiv. Pak kagerne sammen med marengssiden opad med halvdelen af cremen og fordel resten ovenpå. Pynt med valnødderne stillet til side og drys med sigtet kakao.

Marengsbjerge

siden 6

2 æggehvider

100 g/4 oz/½ kop strøsukker (superfint)

150 ml/¼ pt/2/3 kop dobbelt creme (tung)

350 g/12 oz jordbær, skåret i skiver

25 g/1 oz/¼ kop mørk chokolade (halvsød), revet

Pisk æggehviderne stive. Tilsæt halvdelen af sukkeret og pisk til det er tykt og blankt. Tilsæt det resterende sukker. Fordel seks cirkler marengs på bagepapir på en bageplade (småkage). Bages i en forvarmet ovn ved 140°C/275°F/gasmærke 1 i 45 minutter, indtil de er gyldenbrune og sprøde. Indersiden forbliver ret blød. Tag af panden og lad afkøle på en rist.

Pisk fløden stiv. Hæld eller hæld halvdelen af cremen over marengscirklerne, pynt med frugt, og pynt derefter med den resterende creme. Drys revet chokolade ovenpå.

Hindbærcreme marengs

Serverer 6

2 æggehvider

100 g/4 oz/½ kop strøsukker (superfint)

150 ml/¼ pt/2/3 kop dobbelt creme (tung)

30 ml/2 spsk flormelis (til wienerbrød)

225 g hindbær

Pisk æggehviderne i en ren, fedtfri skål, indtil de begynder at danne bløde toppe. Tilsæt halvdelen af sukkeret og fortsæt med at piske indtil blandingen stopper i stive toppe. Tilsæt lidt det resterende sukker, og hjælp dig selv med en metalske. Beklæd en bageplade (cookie) med bagepapir og fyld små hvirvler af marengs på bagepladen. Tør marengsene ved lavest mulig temperatur i ovnen i 2 timer. Afkøl på en rist.

Pisk fløden stiv med flormelis, og tilsæt derefter hindbærene. Brug et par marengs til sandwich og stable dem på et fad.

Ratafia kager

siden 16

3 æggehvider

100 g/4 oz/1 kop malede mandler

225 g/8 oz/1 kop strøsukker (superfint)

Pisk æggehviderne stive. Kom mandlerne og halvdelen af sukkeret i og pisk igen til det er stivt. Tilsæt det resterende sukker. Anbring små ruller på en smurt, foret (kiks) bakke og bag i en forvarmet ovn ved 150°C/300°F/gasmærke 2 i 50 minutter, indtil de er tørre og sprøde rundt om kanterne.

Karamel vacherin

Giver en 23cm/9

4 æggehvider

225 g/8 oz/1 kop blødt brun farin

50 g/2 oz/½ kop hasselnødder, hakket

300 ml/½ pt/1¼ kopper dobbelt creme (tung)

Et par hele hasselnødder til pynt

Pisk æggehviderne til de holder bløde toppe. Pisk gradvist sukkeret stift og blankt. Læg marengsen i en sprøjtepose udstyret med en 1/2" almindelig dyse (spids) og form to 9"/23 cm spiraler af marengs på en smurt, foret bageplade (kiks). Drys med 15 ml/1 spsk hakkede valnødder og bag dem i en forvarmet ovn ved 120°C/250°F/gasmærke ½ i 2 timer, indtil de er sprøde. Overfør til en rist til afkøling.

Pisk fløden stiv, og vend derefter de resterende nødder i. Brug det meste af cremen til at pakke marengsene ind, pynt derefter med den resterende creme og pynt med hele hasselnødder.

Simple scones

gør 10

225 g/8 oz/2 kopper almindeligt mel (alle formål)

En knivspids salt

2,5 ml/½ teskefuld bagepulver (bagepulver)

5 ml/1 tsk creme af tandsten

50 g/2 oz/¼ kop smør eller margarine, skåret i tern

30 ml/2 spsk mælk

30ml/2 spsk vand

Bland mel, salt, natron og fløde af tatar sammen. Gnid smør eller margarine ind. Tilsæt langsomt mælk og vand, indtil du får en blød dej. Ælt hurtigt på en meldrysset overflade, indtil dejen er glat, rul derefter ud til 1 cm/½ tykkelse og skær i 5 cm/2 runde med en kageudstikker. Læg scones (kiks) på en smurt bageplade (kiks) og bag dem i en forvarmet ovn ved 230 °C / 450 °F / gasmærke 8 i ca. 10 minutter, indtil de er godt hævede og brune.

Rich Egg Scones

siden 12

50 g/2 oz/¼ kop smør eller margarine

225 g/8 oz/2 kopper selvhævende mel (selvhævende)

10 ml/2 tsk bagepulver

25 g/1 oz/2 spsk granuleret sukker (superfint)

1 æg, let pisket

100 ml/3½ fl oz/6½ spsk mælk

Gnid smørret eller margarinen ind i mel og bagepulver. Tilsæt sukkeret. Bland æg og mælk, indtil du får en blød dej. Ælt let på en meldrysset overflade, rul derefter ud til en tykkelse på ca. 1 cm/½ og skær i 5 cm/2 runde med en udstikker. Rul afklippet op igen og klip ud. Læg scones (kiks) på en smurt bageplade (kiks) og bag dem i en forvarmet ovn ved 230 °C / 450 °F / gasmærke 8 i 10 minutter eller indtil de er brune.

Æble scones

siden 12

225 g/8 oz/2 kopper fuldkornshvedemel (fuldkorn)

20 ml/1½ spsk bagepulver

En knivspids salt

50 g/2 oz/¼ kop smør eller margarine

30 ml/2 spsk revet køkkenæble (tærte)

1 æg, pisket

150 ml/¼ pt/2/3 kop mælk

Bland mel, bagepulver og salt sammen. Gnid smør eller margarine i, og rør derefter æblet i. Tilsæt gradvist æg og mælk efter behov for at få en blød dej. Rul ud på en let meldrysset overflade til en tykkelse på ca. 5 cm/2 og skær i runde stykker med en kageudstikker. Læg scones (kiks) på en smurt (kiks) bageplade og pensl med det resterende æg. Bages i en forvarmet ovn ved 200°C/400°F/gasmærke 6 i 12 minutter, indtil de er gyldenbrune.

Æble og kokos scones

siden 12

50 g/2 oz/¼ kop smør eller margarine

225 g/8 oz/2 kopper selvhævende mel (selvhævende)

25 g/1 oz/2 spsk granuleret sukker (superfint)

30 ml/2 spsk tørret kokosnød (revet)

1 spiseæble (sødt), skrællet, udkernet og hakket

150 ml/¼ pt/2/3 kop almindelig yoghurt

30 ml/2 spsk mælk

Gnid smørret eller margarinen ind i melet. Tilsæt sukker, kokos og æble, og tilsæt derefter yoghurten til en blød dej, tilsæt eventuelt lidt mælk. Rul ud på en let meldrysset overflade til en tykkelse på ca. 2,5 cm/1 og skær i runde stykker med en kagedåse. Læg scones (kiks) på en smurt bakke (kiks) og bag dem i en forvarmet ovn ved 220°C/425°F/gasmærke 7 i 10-15 minutter, indtil de er godt hævede og brune.

Æble og daddelscones

siden 12

50 g/2 oz/¼ kop smør eller margarine

225 g/8 oz/2 kopper almindeligt mel (alle formål)

5 ml/1 tsk blandet krydderi (æblekage)

5 ml/1 tsk creme af tandsten

2,5 ml/½ teskefuld bagepulver (bagepulver)

25 g/1 oz/2 spsk blødt brun farin

1 lille kogeæble (tærte), skrællet, udkernet og hakket

50 g/2 oz/1/3 kop udstenede dadler (udstenede), hakket

45 ml/3 spsk mælk

Gnid smørret eller margarinen ind i melet, de blandede krydderier, creme af tatar og natron. Tilsæt sukker, æble og dadler, tilsæt derefter mælken og ælt for at få en blød dej. Ælt let, rul derefter ud på en meldrysset overflade til en tykkelse på 2,5 cm/1 og skær i runder med en kiks (kiks) udskærer. Læg scones (kiks) på en smurt bakke (kiks) og bag dem i en forvarmet ovn ved 220°C/425°F/gasmærke 7 i 12 minutter, indtil de er godt brune.

Byg scones

siden 12

175 g/6 oz/1½ kopper bygmel

50 g/2 oz/½ kop mel (all-purpose)

En knivspids salt

2,5 ml/½ teskefuld bagepulver (bagepulver)

2,5 ml/½ tsk creme af tandsten

25 g/1 oz/2 spsk smør eller margarine

25 g/1 oz/2 spsk blødt brun farin

100 ml/3½ fl oz/6½ spsk mælk

Æggeblomme til glasur

Bland mel, salt, natron og fløde af tatar sammen. Gnid smørret eller margarinen sammen, indtil det ligner brødkrummer, og tilsæt derefter sukker og mælk efter behov for at lave en blød dej. Rul ud på en let meldrysset overflade til en tykkelse på 2 cm/¾ og skær i runde stykker med en kageudstikker. Læg scones (kiks) på en smurt bageplade (kiks) og pensl med æggeblommen. Bages i en forvarmet ovn ved 220°C/425°F/gasmærke 7 i 10 minutter, indtil de er gyldenbrune.

Jordbær kokos kage

siden 16

Til pastaen (pastaen):

50 g/2 oz/¼ kop spæk (afkortning)

50 g/2 oz/¼ kop smør eller margarine

200 g/7 oz/1¾ kopper almindeligt mel (all-purpose)

Cirka 15 ml/1 spiseskefuld vand

225 g/8 oz/2/3 kop jordbærsyltetøj (på dåse)

Til fyldet:

175 g/6 oz/¾ kop smør eller margarine, blødgjort

175 g/6 oz/¾ kop strøsukker (superfint)

3 æg, let pisket

15 ml/1 spsk mel (alle formål)

Revet skal af 1 citron

225 g/8 oz/2 kopper tørret kokosnød (revet)

For at lave dejen skal du gnide spæk og smør eller margarine ind i melet, indtil det ligner brødkrummer. Rør lige nok vand i til at danne en dej, rul ud på en let meldrysset overflade og brug til at belægge bunden og siderne af en 30 x 20 cm/12 x 8 i Swiss Roll (gelébrød) pande. Prik alt med en gaffel. Book sælerne. Smør dejen med marmelade.

For at forberede fyldet, pisk smør eller margarine og sukker sammen, indtil det er let og luftigt. Pisk æggene gradvist, og rør derefter mel og citronskal i. Kom kokosen i. Fordel marmeladen over det, og forsegl kanterne på dejen. Rul mørdejen ud og lav en rist over panden. Bages i en forvarmet ovn ved 190°C/375°F/gasmærke 5 i 30 minutter, indtil de er gyldenbrune. Skær i firkanter, når de er kolde.

Barer af brun farin og banan

siden 12

75 g/3 oz/1/3 kop smør eller margarine

225 g/8 oz/1 kop blødt brun farin

1 stort æg, let pisket

150 g/5 oz/1¼ kopper almindeligt mel (all-purpose)

5 ml/1 tsk bagepulver

En knivspids salt

100 g/4 oz/1 kop chokoladechips

50 g/2 oz/½ kop tørrede bananchips, groft hakket

Smelt smør eller margarine, tag derefter af varmen og rør sukkeret i. Lad det køle af til det er lunkent. Pisk ægget lidt efter lidt, og bland derefter de øvrige ingredienser i for at opnå en ret stiv dej. Hvis det er for hårdt, så tilsæt lidt mælk. Hæld i en smurt 18 cm/7 firkantet kageform og bag i en forvarmet ovn ved 140°C/275°F/gasmærke 1 i 1 time, indtil toppen er sprød. Lad den stå i formen, til den er lunken, skær den derefter i stænger og løft den til færdig afkøling på en rist. Blandingen vil være ret klistret, indtil den er afkølet.

Solsikke nøddebarer

siden 18

150 g/5 oz/2/3 kop smør eller margarine

45 ml/3 spsk klar honning

Et par dråber mandelessens (ekstrakt)

275 g/10 oz/2½ kopper havregryn

25 g/1 oz/¼ kop mandler i flager

25 g/1 oz/2 spsk solsikkekerner

25 g/1 oz/2 spsk sesamfrø

50 g/2 oz/1/3 kop rosiner

Smelt smørret eller margarinen med honningen, og kom derefter alle de øvrige ingredienser sammen og bland godt. Hæld i en smurt 20 cm/8 cm firkantet kageform og jævn overfladen. Tryk forsigtigt på blandingen. Bages i en forvarmet ovn ved 190°C/375°F/gasmærke 5 i 20 minutter. Lad dem køle lidt af, skær dem derefter i stænger og tag dem ud af formen, når de er kolde.

Toffee Squares

siden 16

75 g/3 oz/¾ kop almindeligt mel (all-purpose)

50 g/2 oz/¼ kop smør eller margarine, blødgjort

25 g/1 oz/2 spsk blødt brun farin

En knivspids salt

1,5 ml/¼ teskefuld bagepulver (bagepulver)

30 ml/2 spsk mælk

Til fyldet:

75 g/3 oz/1/3 kop smør eller margarine

75 g/3 oz/1/3 kop blødt brun farin

25 g/1 oz/¼ kop chokoladechips

Bland alle kageingredienserne, tilsæt lige nok mælk til at få en blød, flydende konsistens. Tryk i en smurt 9 cm/23 cm firkantet kageform og bag i en forvarmet ovn ved 180°C/350°F/gasmærke 4 i 15 minutter, indtil den er gyldenbrun.

Til toppingen smelter du smør eller margarine og sukker i en lille gryde, bringer det i kog, og lad det simre i 2 minutter under konstant omrøring. Hæld over bunden og sæt tilbage i ovnen i 5 minutter. Drys med chokoladechips og lad dem bløde ind i toppingen, mens kagen afkøles. Skær i stænger.

Karamelbakke

siden 16

100 g/4 oz/½ kop smør eller margarine, blødgjort

100 g/4 oz/½ kop blødt brun farin

1 æggeblomme

50 g/2 oz/½ kop mel (all-purpose)

50 g/2 oz/½ kop havregryn

Til fyldet:
100 g/4 oz/1 kop mørk chokolade (halvsød)

25 g/1 oz/2 spsk smør eller margarine

30 ml/2 spsk hakkede valnødder

Pisk smør eller margarine, sukker og æggeblomme til det er glat. Tilsæt mel og havre. Tryk i en smurt 30 x 20 cm/12 x 8 schweizerrulleform (geléform) og bag i en forvarmet ovn ved 190°C/375°F/gasmærke 5 i 20 minutter.

For at lave toppingen skal du smelte chokoladen og smør eller margarine i en varmefast skål over en gryde med kogende vand. Fordel blandingen ovenpå og drys med valnødderne. Lad det køle lidt af, skær derefter i stænger og lad det køle af i formen.

Cheesecake Hos Abrikoser

Giver en 23cm/9

225 g/8 oz/2 kopper ingefærkiks (kiks) krummer

30 ml/2 spsk blødt brun farin

50 g/2 oz/¼ kop smør eller margarine, smeltet

Til fyldet:

15 g/½ oz/1 spsk gelatinepulver

225 g/8 oz/1 kop strøsukker (superfint)

250 ml/8 fl oz/1 kop sirup fra abrikosdåse

90 ml/6 spsk brandy eller abrikos brandy

45 ml/3 spsk citronsaft

4 æg, adskilt

450 g/1 lb/2 kopper blød flødeost

250 ml/8 fl oz/1 kop piskefløde

Til fyldet:

400 g/1 stor dåse abrikoser i sirup, drænet og konserveret i sirup

90 ml/6 spsk abrikosbrandy

30 ml/2 spsk majsstivelse (majsstivelse)

Bland småkagekrummer og farin i det smeltede smør og tryk i bunden af en 23 cm/9. Bages i en forvarmet ovn ved 160°C/335°F/gasmærke 3 i 10 minutter. Tag ud af ovnen og lad det køle af.

For at lave fyldet kombineres gelatine og halvdelen af sukkeret med abrikossirup, brandy og citronsaft. Kog ved lav varme i cirka 10 minutter under konstant omrøring, indtil det er tyknet. Kom æggeblommerne i. Fjern fra varmen og lad afkøle lidt. Pisk osten til den er jævn. Rør langsomt gelatineblandingen ind i osten og afkøl den, indtil den er lidt tyk. Pisk æggehviderne til stive toppe, og vend derefter gradvist det resterende sukker i, indtil det er skummende og blankt. Pisk fløden stiv. Kombiner de to forbindelser med osten og hæld i den kogte bund. Afkøl i flere timer, indtil den er fast.

Arranger abrikoshalvdelene oven på cheesecaken. Varm brandy og majsstivelse sammen under omrøring, indtil det er tyknet og klart. Lad afkøle lidt, og hæld derefter over abrikoserne til en glasur.

Avocado cheesecake

Giver en kage på 20 cm

225 g/8 oz/2 kopper graham cracker krummer

75 g/3 oz/1/3 kop smør eller margarine, smeltet

Til fyldet:

10 ml/2 tsk gelatinepulver

30ml/2 spsk vand

2 modne avocadoer

Saft af ½ citron

Revet skal af 1 citron

100 g/4 oz/½ kop flødeost

75 g/3 oz/1/3 kop granuleret sukker (superfint)

2 æggehvider

300 ml/½ pt/1¼ kopper pisket eller dobbelt fløde (tung)

Bland kikskrummerne og smeltet smør eller margarine og tryk i bunden og siderne af en smurt 20 cm/8 cm kagedåse. Kold.

Drys gelatinen over vandet i en skål og lad det stå til det er svampet. Sæt skålen i en gryde med varmt vand og lad den opløses. Lad afkøle lidt. Skræl og udsten avocadoerne og mos frugtkødet med citronsaft og -skal. Pisk ost og sukker. Tilsæt den smeltede gelatine. Pisk æggehviderne stive, og kom dem derefter i blandingen ved hjælp af en metalske. Pisk halvdelen af fløden stiv, og vend den derefter ind i blandingen. Hæld kiksebunden over og lad den køle af til den er fast.

Pisk den resterende fløde stiv, og dryp den derefter dekorativt over cheesecaken.

Banan cheesecake

Giver en kage på 20 cm

75 g/3 oz/1/3 kop smør eller margarine, smeltet

175 g/6 oz/1½ kopper graham cracker krummer

Til fyldet:

2 bananer, mosede

350 g/12 oz/1½ kopper fast tofu

100 g/4 oz/½ kop hytteost

Revet skal og saft af 1 citron

Citronskiver til pynt

Bland smør eller margarine og smuldrede kiks sammen og tryk i bunden af en smurt 20 cm/8 cm kageform. Bland alle ingredienserne til toppingen sammen og hæld over bunden. Lad den køle af i 4 timer inden servering pyntet med citronbåde.

Let caribisk cheesecake

Giver en kage på 20 cm

75 g/3 oz/1/3 kop smør eller margarine

175 g/6 oz/1¾ kopper almindeligt mel (all-purpose)

En knivspids salt

30 ml/2 spsk koldt vand

400g/1 stor dåse ananas, drænet og hakket

150 g/5 oz/2/3 kop hytteost

2 æg, adskilt

15 ml/1 spsk rom

Gnid smørret eller margarinen ind i melet og saltet, indtil det ligner brødkrummer. Rør nok vand til at lave en pasta (pasta). Rul ud og brug til at beklæde en 20 cm/8 tommer flan ring. Bland ananas, ost, æggeblommer og rom. Pisk æggehviderne stive, og kom dem derefter i blandingen. Ske i etui (skal). Bages i en forvarmet ovn ved 200°C/400°F/gasmærke 6 i 20 minutter. Lad den køle af i formen, inden den tages ud.

Kirsebær cheesecake

Giver en kage på 20 cm

75 g/3 oz/1/3 kop smør eller margarine, smeltet

175 g/6 oz/1½ kopper graham cracker krummer

Til fyldet:

350 g/12 oz/1½ kopper fast tofu

100 g/4 oz/½ kop hytteost

Revet skal og saft af 1 citron

400 g/1 stor dåse sorte kirsebær, drænet

Bland smør eller margarine og smuldrede kiks sammen og tryk i bunden af en smurt 20 cm/8 cm kageform. Pisk tofu, ost, citronsaft og skal sammen, og rør derefter kirsebærene i. Hæld over bunden. Stil på køl i 4 timer før servering.

Kokos og abrikos cheesecake

Giver en kage på 20 cm

Til dejen:

200 g/7 oz/1¾ kopper tørret kokosnød (revet)

75 g/3 oz/1/3 kop smør eller margarine, smeltet

Til fyldet:

120 ml/4 fl oz/½ kop kondenseret mælk

30 ml/2 spsk citronsaft

250 g/1 krukke flødeost

120 ml/4 fl oz/½ kop dobbelt creme (tung)

Til fyldet:

5 ml/1 tsk gelatinepulver

30ml/2 spsk vand

100 g/4 oz/1/3 kop abrikosmarmelade (på dåse), sigtet (silet)

30 ml/2 spsk rørsukker (superfint)

Rist kokosnødden i en slip-let stegepande, indtil den er gyldenbrun. Fold smørret eller margarinen i, og tryk derefter blandingen fast i en 20 cm/8 tommer kageform. Kold.

Bland kondenseret mælk og citronsaft, og rør derefter flødeosten i. Pisk fløden stiv, og kom den derefter i blandingen. Hæld i kokosbunden.

Bland gelatine og vand i en gryde ved meget svag varme og rør syltetøj og sukker i et par minutter, indtil det er klart og godt blandet. Hæld fyldet over, lad derefter køle af og afkøle, indtil det er fast.

Tranebær cheesecake

Giver en 23cm/9

100 g/4 oz/1 kop graham cracker krummer

50 g/2 oz/¼ kop smør eller margarine, smeltet

225 g/8 oz tranebær, skyllet og drænet

150 ml/¼ pt/2/3 kop vand

150 g/5 oz/2/3 kop strøsukker (superfint)

15 g/½ oz/1 spsk gelatinepulver

60 ml/4 spsk vand

225 g/8 oz/1 kop flødeost

175 g/6 oz/¾ kop hytteost

5 ml/1 tsk vaniljeessens (ekstrakt)

Bland kikskrummerne og smeltet smør og tryk i bunden af en smurt 23 cm/9 cm springform. Kold.

Kom tranebærrene, 150 ml/¼ pt/ 2/3 kop vand og sukker i en gryde og bring det i kog. Kog i 10 minutter under omrøring af og til. Drys gelatinen over de 60 ml/4 spsk vand i en skål og lad den stå til den er svampet. Sæt skålen i en gryde med varmt vand og lad den opløses. Rør gelatinen i tranebærblandingen, tag den af varmen og lad den køle lidt af. Kombiner oste og vaniljeessens. Hæld blandingen i bunden og fordel jævnt. Afkøl i flere timer, indtil den er fast.

Ingefær cheesecake

Til en 900g/2lb kage

275 g/10 oz/2½ kopper ingefærkiks (småkager) krummer

100 g/4 oz/½ kop smør eller margarine, smeltet

225 g/8 oz/1 kop flødeost

150 ml/¼ pt/2/3 kop dobbelt creme (tung)

100 g/4 oz/½ kop strøsukker (superfint)

15 ml/1 spsk ingefær med hakket stilk

15 ml/1 spsk brandy eller ingefærsirup

2 æg, adskilt

Saft af 1 citron

15 g/½ oz/1 spsk gelatinepulver

Bland kiksene i smørret. Bland flødeost, fløde, sukker, ingefær og brandy eller ingefærsirup sammen. Pisk æggeblommerne. Kom citronsaften i en gryde og drys gelatinen over. Lad det trække i et par minutter, og smelt derefter ved svag varme. Må ikke koge. Pisk æggehviderne til bløde toppe. Rør 15 ml/1 spsk godt i osteblandingen. Fold forsigtigt resten. Hæld halvdelen af blandingen i en let smurt 900 g bradeform. Drys jævnt med halvdelen af småkageblandingen. Tilføj endnu et lag af den resterende kiks og osteblanding. Afkøl i flere timer. Dyp formen i kogende vand i et par sekunder, dæk den derefter med en tallerken og vend den ud af formen klar til servering.

Ingefær og citron cheesecake

Giver en kage på 20 cm

175 g/6 oz/1½ kopper ingefærkiks (kiks) krummer

50 g/2 oz/¼ kop smør eller margarine, smeltet

15 g/1 spsk gelatine

30 ml/2 spsk koldt vand

2 citroner

100 g/4 oz/½ kop hytteost

100 g/4 oz/½ kop flødeost

50 g/2 oz/¼ kop strøsukker (superfint)

150 ml/¼ pt/2/3 kop almindelig yoghurt

150 ml/¼ pt/2/3 kop dobbelt creme (tung)

Bland småkagekrummerne i smørret eller margarinen. Pres blandingen ind i bunden af en 20 cm/8 løsbundet flanring. Drys gelatinen over vandet, og opløs den derefter i en lille gryde med varmt vand. Skær tre strimler skal fra en citron. Riv det resterende skal af begge citroner. Skær citronerne i både, fjern kerner og skind og purér frugtkødet i en foodprocessor eller blender. Tilsæt osten og bland. Tilsæt sukker, yoghurt og fløde og bland igen. Bland gelatinen sammen. Hæld over bunden og afkøl til den tykner. Pynt med citronskal.

Cheesecake med hasselnød og honning

Giver en 23cm/9

175 g/6 oz/1½ kopper graham cracker krummer

75 g/3 oz/1/3 kop smør eller margarine, smeltet

100 g/4 oz/1 kop hasselnødder

225 g/8 oz/1 kop flødeost

60 ml/4 spsk klar honning

2 æg, adskilt

15 g/½ oz/1 spsk gelatinepulver

30ml/2 spsk vand

250 ml/8 fl oz/1 kop dobbelt creme (tung)

Bland kiks og smør og tryk i bunden af en 23 cm/9 cm løsbundet kageform. Gem nogle hasselnødder til pynt og mal resten. Bland med flødeost, honning og æggeblommer og pisk godt. Imens drysser du gelatinen over vandet og lader det sidde til det er svampet. Sæt skålen i en gryde med varmt vand og rør, indtil den er opløst. Tilsæt osteblandingen med fløden. Pisk æggehviderne stive og vend dem forsigtigt i blandingen. Hæld over bunden og køl til den er fast. Pynt med hele hasselnødder.

Vindrue og ingefær cheesecake

Giver en 23cm/9

3 stykker stilk ingefær, skåret i tynde skiver

50 g/2 oz/¼ kop granuleret sukker

75 ml/5 spsk vand

225 g/8 oz stikkelsbær

2 oz/50 g/1/2 pakke gelatine med limesmag (jello)

15 g/½ oz/1 spsk gelatinepulver

Revet skal og saft af ½ citron

225 g/8 oz/1 kop flødeost

75 g/3 oz/1/3 kop granuleret sukker (superfint)

2 æg, adskilt

300 ml/½ pt/1¼ kopper dobbelt creme (tung)

75 g/3 oz/1/3 kop smør eller margarine, smeltet

175 g/6 oz/1½ kopper ingefærkiks (kiks) krummer

Smør og beklæd en 9 cm/23 cm bredbundet flanring. Arranger ingefærstilken rundt om kanten af bunden. Opløs perlesukkeret i vandet i en gryde, og bring det derefter i kog. Tilsæt stikkelsbærene og lad det simre i cirka 15 minutter, indtil de er lige møre. Fjern stikkelsbærene fra siruppen med en hulske og anbring dem i midten af den forberedte kagedåse. Mål sirup og fyld op til 275 ml/9 fl oz/scanning af kop med vand. Vend tilbage til lav varme og rør gelatinen i, indtil den er opløst. Fjern fra varmen og lad det stå, indtil det begynder at tykne. Hæld stikkelsbærene over og afkøl indtil de er stivnet.

Drys gelatinen over 45 ml/3 spsk citronsaft i en skål og lad den være svampet. Sæt skålen i en gryde med varmt vand og lad den opløses. Pisk flødeosten med citronskal, perlesukker, æggeblommer, gelatine og halvdelen af fløden. Pisk den resterende fløde, til den er tyk, og vend den derefter ind i blandingen. Pisk æggehviderne stive, og tilsæt dem derefter let. Hæld i formen og afkøl indtil den er fast.

Bland smør eller margarine og kiks sammen og drys over cheesecaken. Tryk let for at fastgøre bunden. Chill indtil fast.

Dyp bunden af formen i varmt vand i et par sekunder, kør en kniv langs kanten af cheesecaken, og vend derefter på et serveringsfad.

Let citronfromage

Giver en kage på 20 cm

Til basen:

50 g/2 oz/¼ kop smør eller margarine

50 g/2 oz/¼ kop strøsukker (superfint)

100 g/4 oz/1 kop graham cracker krummer

Til fyldet:

225 g/8 oz/1 kop hel blød ost

2 æg, adskilt

100 g/4 oz/½ kop strøsukker (superfint)

Revet skal af 3 citroner

150 ml/¼ pt/2/3 kop dobbelt creme (tung)

Saft af 1 citron

45 ml/3 spsk vand

15 g/½ oz/1 spsk gelatinepulver

Til fyldet:

45 ml/3 spsk lemon curd

For at forberede bunden skal du smelte smør eller margarine og sukker ved lav varme. Kombiner kikskrummerne. Rul bunden af en kageform (kagefad) 20 cm/8 ud og stil på køl.

For at forberede fyldet skal du blødgøre osten i en stor skål. Pisk æggeblommer, halvdelen af sukkeret, citronskal og fløde sammen. Kom citronsaft, vand og gelatine i en skål og opløs i en gryde med varmt vand. Pisk i osteblandingen og lad det stå til indstillingspunktet. Pisk æggehviderne stive, og tilsæt derefter det resterende perlesukker. Vend let, men grundigt i osteblandingen.

Hæld over bunden og plan overfladen. Afkøl i 3-4 timer, indtil den er stivnet. Smør med citroncreme til slut.

Citron cheesecake og granola

Giver en kage på 20 cm

175 g / 6 oz / generøs 1 kop granola

75 g/3 oz/1/3 kop smør eller margarine, smeltet

Finrevet skal og saft af 2 citroner

15 g/½ oz/1 spsk gelatinepulver

225 g/8 oz/1 kop flødeost

150 ml/¼ pt/2/3 kop almindelig yoghurt

60 ml/4 spsk klar honning

2 æggehvider

Rør granolaen i smør eller margarine og tryk i bunden af en smurt 20 cm kagedåse. Chill indtil sæt.

Lav citronsaft op til 150 ml/¼ pt/2/3 kop med vand. Drys med gelatine og lad det sidde, indtil det er blødt. Stil skålen i en gryde med varmt vand og varm forsigtigt op, indtil gelatinen er opløst. Bland citronskal, ost, yoghurt og honning, og vend derefter gelatinen i. Pisk æggehviderne, indtil der dannes stive toppe, og vend dem derefter forsigtigt i cheesecake-blandingen. Hæld over bunden og lad den køle af til den har sat sig.

Mandarin cheesecake

Giver en kage på 20 cm

200 g/7 oz/1¾ kopper graham cracker krummer

75 g/3 oz/1/3 kop smør eller margarine, smeltet

Til fyldet:

275 g/10 oz/1 stor dåse mandariner, drænet

15 g/½ oz/1 spsk gelatinepulver

30 ml/2 spsk varmt vand

150 g/5 oz/2/3 kop hytteost

150 ml/¼ pt/2/3 kop almindelig yoghurt

Bland kikskrummerne og smør eller margarine og tryk ind i bunden af en 20 cm/8 tommer løs bundring. Kold. Mos mandarinerne med bagsiden af en ske. Drys gelatinen over vandet i en lille skål og lad det stå til det er svampet. Sæt skålen i en gryde med kogende vand og lad den opløses. Bland mandariner, ricotta og yoghurt sammen. Tilsæt gelatinen. Hæld fyldblandingen over bunden og afkøl indtil den er fast.

Cheesecake med citron og valnødder

Giver en kage på 20 cm

Til basen:

225 g/8 oz/2 kopper graham cracker krummer

25 g/1 oz/2 spsk granuleret sukker (superfint)

5 ml/1 tsk stødt kanel

50 g/2 oz/¼ kop smør eller margarine, smeltet

Til fyldet:

15 g/½ oz/1 spsk gelatinepulver

30 ml/2 spsk koldt vand

2 æg, adskilt

100 g/4 oz/½ kop strøsukker (superfint)

350 g/12 oz/1½ kopper hel blød ost

Revet skal og saft af 1 citron

150 ml/¼ pt/2/3 kop dobbelt creme (tung)

25 g/1 oz/¼ kop hakkede blandede nødder

Rør småkagekrummer, sukker og kanel i smørret eller margarinen. Beklæd bunden og siderne af en 20 cm/8 kageform i en brødform (form). Kold.

For at lave fyldet, opløs gelatinen i vandet i en lille skål. Sæt skålen i en gryde med varmt vand og rør, indtil gelatinen er opløst. Fjern fra varmen og lad afkøle lidt. Pisk æggeblommer og sukker sammen. Stil skålen over en gryde med kogende vand og fortsæt med at piske indtil blandingen er tyk og let. Fjern fra varmen og pisk indtil lunken. Kom ost, citronskal og saft i. Pisk fløden stiv, og vend den derefter ind i nøddeblandingen. Tilsæt forsigtigt gelatinen. Pisk æggehviderne stive, og kom dem derefter i blandingen. Hæld over bunden og stil på køl i flere timer eller natten over før servering.

Lime cheesecake

Serverer 8

Til basen:

40 g/1½ oz/2 spsk klar honning

50 g/2 oz/¼ kop demerara sukker

225 g/8 oz/2 kopper havregryn

100 g/4 oz/½ kop smør eller margarine, smeltet

Til fyldet:

225 g/8 oz/1 kop kvark

250 ml/8 fl oz/1 kop almindelig yoghurt

2 æg, adskilt

50 g/2 oz/¼ kop strøsukker (superfint)

Revet skal og saft af 2 limefrugter

15 g/½ oz/1 spsk gelatinepulver

30 ml/2 spsk kogende vand

Bland honning, demerara sukker og havre i smørret eller margarinen. Tryk ned i bunden af en smurt 20 cm kageform (form).

For at lave fyldet blandes kvark, yoghurt, æggeblommer, sukker og limeskal sammen. Drys gelatinen over limesaft og varmt vand og lad det opløses. Opvarm over en skål med varmt vand, indtil den er gennemskinnelig, fold den derefter ind i blandingen og rør forsigtigt, indtil den begynder at tykne. Pisk æggehviderne, indtil der dannes bløde toppe, og vend dem derefter ind i blandingen. Hæld på den forberedte bund og lad den stivne.

San Clemente cheesecake

Giver en kage på 20 cm

50 g/2 oz/¼ kop smør eller margarine

100 g/4 oz/1 kop graham cracker krummer

2 æg, adskilt

En knivspids salt

100 g/4 oz/½ kop strøsukker (superfint)

45 ml/3 spsk appelsinjuice

45 ml/3 spsk citronsaft

15 g/1 spsk gelatine

30 ml/2 spsk koldt vand

350 g/12 oz/1½ kopper hytteost, sigtet

150 ml/¼ pt/2/3 kop dobbeltfløde (tung), pisket

1 appelsin, skrællet og skåret i skiver

Smør en 20cm/8cm kageform i en løsbundet kageform med smør og drys med kiks. Pisk æggeblommerne med salt og halvdelen af sukkeret, indtil du får en tyk og cremet blanding. Anbring i en skål med appelsin- og citronsaft og rør over en gryde med varmt vand, indtil blandingen begynder at tykne og dække bagsiden af en ske. Opløs gelatinen i koldt vand og varm forsigtigt op, indtil der opnås en sirup. Vend i frugtjuiceblandingen, lad derefter køle af, mens du rører af og til. Tilsæt ricotta og fløde. Pisk æggehviderne stive, og vend derefter det resterende sukker i. Vend i cheesecakeblandingen og hæld i gryden. Chill indtil fast. Fjern formen og drys med de løse krummer. Server pyntet med appelsinskiver.

Pashka

Giver en 23cm/9

450 g/1 lb/2 kopper flødeost

100 g/4 oz/½ kop smør eller margarine, blødgjort

150 g/5 oz/2/3 kop strøsukker (superfint)

150 ml/¼ pt/2/3 kop creme fraiche (mælkesurdej)

175 g/6 oz/1 kop sultanas (gyldne rosiner)

50 g/2 oz/¼ kop glacé (kandiserede) kirsebær

100 g/4 oz/1 kop mandler

50 g/2 oz/1/3 kop hakkede blandede (kandiserede) skræller

Bland ost, smør eller margarine, sukker og creme fraiche sammen, indtil det er godt blandet. Bland de resterende ingredienser. Hæld i en savarinform, dæk til og lad afkøle natten over. Dyp formen i en gryde med varmt vand i et par sekunder, kør en kniv rundt om kanten af formen og vend cheesecaken ud på en tallerken. Afkøl før servering.

Let ananas cheesecake

Gør en tærte på 25 cm/10 tommer

225 g/8 oz/1 kop smør eller margarine

225 g/8 oz/2 kopper graham cracker krummer

450g/1 lb/2 kopper kvark

1 æg, pisket

5 ml/1 tsk mandelessens (ekstrakt)

15 ml/1 spiseskefuld granuleret sukker (superfint)

25 g/1 oz/¼ kop malede mandler

100 g/4 oz ananas på dåse, hakket

Smelt halvdelen af smørret eller margarinen og tilsæt de smuldrede kiks. Tryk i bunden af en 25 cm/10 kageform og lad den køle af. Pisk det resterende smør eller margarine med kvark, æg, mandelessens, sukker og malede mandler. Kom ananasen i. Fordel på kiksebunden og lad den stå på køl i 2 timer.

Ananas cheesecake

Giver en kage på 20 cm

75 g/3 oz/1/3 kop smør eller margarine, smeltet

175 g/6 oz/1½ kopper graham cracker krummer

15 g/½ oz/1 spsk gelatinepulver

Stor 425 g/15 oz/1 dåse ananas i naturlig juice, drænet og sæt juice til side

3 æg, adskilt

75 g/3 oz/1/3 kop granuleret sukker (superfint)

150 ml/¼ pt/2/3 kop enkelt creme (let)

150 ml/¼ pt/2/3 kop dobbelt creme (tung)

225 g/8 oz/2 kopper cheddarost, revet

150 ml/¼ pt/2/3 kop mælk

150 ml/¼ pt/2/3 kop piskefløde

Bland smør eller margarine i kikskrummerne og tryk ind i bunden af en 20 cm/8 tommer løs bundring. Chill indtil fast.

Drys gelatinen over 30 ml/2 spsk af ananasjuicen, der er gemt i en skål, og lad den være svampet. Læg lidt ananas til side til pynt, hak så resten og læg det på kiksebunden. Sæt skålen i en gryde med varmt vand og lad den opløses. Pisk æggeblommer, sukker og 150 ml/¼ pt/2/3 kop af den reserverede ananasjuice sammen i en varmefast skål over en gryde med kogende vand, indtil det er tykt sammen og kommer af det stribede piskeris. Fjern fra varmen. Pisk fløde og fløde tykt, tilsæt ost og mælk, og vend det derefter i æggeblandingen med gelatinen. Lad afkøle. Pisk æggehviderne stive, og vend dem derefter forsigtigt i blandingen.

Pisk flødeskum og rosetter rundt om toppen af kagen, og pynt derefter med den reserverede ananas.

Rosin cheesecake

Serverer 8

Til basen:

100 g/4 oz/½ kop smør eller margarine

40 g/1½ oz/2 spsk klar honning

50 g/2 oz/¼ kop demerara sukker

225 g/8 oz/2 kopper havregryn

Til fyldet:

225 g/8 oz/1 kop hytteost

150 ml/¼ pt/2/3 kop almindelig yoghurt

150 ml/¼ pt/2/3 kop creme fraiche (mælkesurdej)

50 g/2 oz/1/3 kop rosiner

15 g/½ oz/1 spsk gelatinepulver

60 ml/4 spsk kogende vand

Smelt smør eller margarine, og tilsæt derefter honning, sukker og havre. Tryk ned i bunden af en smurt 20 cm kageform (form).

For at forberede fyldet sigtes hytteosten i en skål og blandes med yoghurt og creme fraiche. Kombiner rosinerne. Drys gelatinen over det varme vand og lad det opløses. Opvarm over en skål med varmt vand, indtil den er gennemskinnelig, fold den derefter ind i blandingen og rør forsigtigt, indtil den begynder at tykne. Hæld på den forberedte bund og lad den stivne.

Hindbær cheesecake

Giver en kage på 15 cm

75 g/3 oz/1/3 kop smør eller margarine, smeltet

175 g/6 oz/1½ kopper graham cracker krummer

3 æg, adskilt

300 ml/½ pt/1¼ kopper mælk

25 g/1 oz/2 spsk granuleret sukker (superfint)

15 g/1 spsk gelatine

30 ml/2 spsk koldt vand

225 g/8 oz/1 kop flødeost, let pisket

Revet skal og saft af ½ citron

450 g hindbær

Bland smør eller margarine og kiks sammen og tryk i bunden af en 15 cm bredbundet kageform. Lad det køle af, mens du forbereder fyldet.
Pisk æggeblommerne, hæld dem derefter i en gryde med mælken og varm forsigtigt op under konstant omrøring, indtil cremen tykner. Tag af varmen og rør sukkeret i. Drys gelatinen over det varme vand og lad det opløses. Varm over en skål med varmt vand, indtil den er gennemsigtig, og rør derefter osten i med fløde, citronskal og saft. Pisk æggehviderne stive, kom dem derefter i blandingen og hæld over bunden. Koldt at sætte. Pynt med hindbær lige inden servering.

Siciliansk cheesecake

Gør en tærte på 25 cm/10 tommer

900 g/2 lbs/4 kopper hytteost

100 g/4 oz/2/3 kop flormelis (konfekture)

5 ml/1 tsk revet appelsinskal

100 g/4 oz/1 kop mørk chokolade (halvsød), revet

275 g/10 oz hakket blandet frugt

275 g/10 oz ladyfingers (kiks) eller svampekage, skåret i skiver

175 ml/6 fl oz/¾ kop rom

Pisk ricottaen med halvdelen af sukkeret og appelsinskalen. Gem 15 ml/1 spsk af chokoladen og frugten til dekoration, og fold derefter resten i blandingen. Beklæd en 25 cm/10 kageform (bakke) med husholdningsfilm (plastfolie). Dyp kiksene eller kagen i rommen for at fugte dem, og brug derefter det meste til at dække bunden og siderne af panden. Fordel osteblandingen indeni. Dyp de resterende kiks i rommen og brug til at dække osteblandingen. Dæk med folie (plastfolie) og tryk ned. Afkøl i 1 time, indtil den er fast. Fjern formen ved hjælp af husholdningsfilm, drys med det resterende flormelis og pynt med chokoladen og frugten stillet til side.

Glaseret yoghurt cheesecake

Giver en 23cm/9

Til basen:

2 æg

75 g/3 oz/¼ kop klar honning

100 g/4 oz/1 kop fuldkornshvedemel (fuldkorn)

10 ml/2 tsk bagepulver

Et par dråber vaniljeessens (ekstrakt)

Til fyldet:

25 g/1 oz/2 spsk gelatinepulver

30 ml/2 spsk rørsukker (superfint)

75 ml/5 spsk vand

225 g/8 oz/1 kop almindelig yoghurt

225 g/8 oz/1 kop blød flødeost

75 g/3 oz/¼ kop klar honning

250 ml/8 fl oz/1 kop piskefløde

Til fyldet:

100 g hindbær

45 ml/3 spsk marmelade (på dåse)

15 ml/1 spiseskefuld vand

For at forberede bunden, pisk æg og honning, indtil det er skummende. Bland gradvist mel, bagepulver og vaniljeessens for at opnå en jævn dej. Rul ud på en let meldrysset overflade og anbring på bunden af en smurt 23 cm/9 cm kagefad (kagefad). Bages i en forvarmet ovn ved 200°C/400°F/gasmærke 6 i 20 minutter. Tag ud af ovnen og lad det køle af.

For at lave fyldet, opløs gelatine og sukker i vandet i en lille skål, og lad blandingen stå i en gryde med varmt vand, indtil den er gennemsigtig. Tag op af vandet og lad afkøle lidt. Pisk yoghurt, flødeost og honning sammen, indtil det er godt blandet. Pisk fløden stiv. Fold cremen i yoghurtblandingen, og vend derefter gelatinen i. Hæld på bunden og lad det stivne.

Arranger hindbærene i et flot mønster ovenpå. Opløs syltetøjet med vand, før det derefter gennem en sigte (filter). Pensl toppen af cheesecaken og lad den køle af inden servering.

Jordbær cheesecake

Giver en kage på 20 cm

100 g/4 oz/1 kop graham cracker krummer

25 g/1 oz/2 spsk demerara sukker

50 g/2 oz/¼ kop smør eller margarine, smeltet

15 ml/1 spsk gelatinepulver

45 ml/3 spsk vand

350 g/12 oz/1½ kopper hytteost

50 g/2 oz/¼ kop strøsukker (superfint)

Revet skal og saft af 1 citron

2 æg, adskilt

300 ml/½ pt/1¼ kopper enkelt creme (let)

100 g/4 oz jordbær, skåret i skiver

120 ml/4 fl oz/½ kop dobbeltfløde (tung), pisket

Bland småkagekrummer, demerara-sukker og smør eller margarine og tryk i bunden af en 8-tommer/8-tommer løsbundet kageform. Chill indtil fast.

Drys gelatinen over vandet og lad det blive svampet. Sæt skålen i en gryde med varmt vand og lad den stå klar. Bland ost, perlesukker, citronskal og -saft, æggeblommer og fløde sammen. Tilsæt gelatinen. Pisk æggehviderne stive, og vend dem derefter i osteblandingen. Hæld over bunden og køl til den er fast.

Arranger jordbærene oven på cheesecaken og fordel cremen rundt i kanten til pynt.

Sultana Cheesecake og Brandy

Giver en kage på 20 cm

100 g/4 oz/2/3 kop sultanas (gyldne rosiner)

45 ml/3 spsk brandy

100 g/4 oz/½ kop smør eller margarine, blødgjort

100 g/4 oz/½ kop blødt brun farin

75 g/3 oz/¾ kop almindeligt mel (all-purpose)

75 g/3 oz/¾ kop malede mandler

2 æg, adskilt

225 g/8 oz/1 kop flødeost

100 g/4 oz/½ kop hytteost (glat hytteost)

Et par dråber vaniljeessens (ekstrakt)

150 ml/¼ pt/2/3 kop dobbelt creme (tung)

Læg sultanerne i en skål med brandy og lad dem trække, indtil de er kødfulde. Pisk smør eller margarine og 50 g/2 oz/¼ kop sukker sammen, indtil det er lyst og luftigt. Bland melet og de formalede mandler og bland det hele sammen. Tryk i en smurt og meldrysset 20 cm/8 cm kageform (form) og bag i en forvarmet ovn ved 180°C/350°F/gasmærke 4 i 12 minutter, indtil den er gyldenbrun. Lad afkøle.

Pisk æggeblommerne med halvdelen af det resterende sukker. Pisk oste, vaniljeessens, sultanas og brandy i. Pisk fløden stiv, og kom den derefter i blandingen. Pisk æggehviderne stive, tilsæt derefter det resterende sukker og pisk igen, indtil de er skummende og blanke. Blandes i osteblandingen. Hæld den kogte bund over og stil den på køl i flere timer, indtil den stivner.

Bagt Cheesecake

Giver en kage på 20 cm

50 g/2 oz/¼ kop smør eller margarine, smeltet

225 g/8 oz/2 kopper graham cracker krummer

225 g/8 oz/1 kop hytteost

100 g/4 oz/½ kop strøsukker (superfint)

3 æg, adskilt

25 g/1 oz/¼ kop majsstivelse (majsstivelse)

2,5 ml/½ tsk vaniljeessens (ekstrakt)

400 ml/14 fl oz/1¾ kopper creme fraiche (mejeri surdej)

Pisk smør eller margarine og smuldrede kiks sammen og tryk i bunden af en smurt 20 cm/8 cm kageform (form). Bland alle de øvrige ingredienser undtagen æggehviderne. Pisk æggehviderne stive, kom dem derefter i blandingen og hæld over kiksebunden. Bages i en forvarmet ovn ved 150°C/300°F/gasmærke 3 i 1,5 time. Sluk for ovnen og åbn lågen lidt. Lad cheesecaken stå i ovnen, indtil den er afkølet.

Bagte cheesecake barer

siden 16

75 g/3 oz/1/3 kop smør eller margarine

100 g/4 oz/1 kop mel (alle formål))

75 g/3 oz/1/3 kop blødt brun farin

50 g/2 oz/½ kop hakkede pekannødder

225 g/8 oz/1 kop flødeost

50 g/2 oz/¼ kop strøsukker (superfint)

1 æg

30 ml/2 spsk mælk

5 ml/1 tsk citronsaft

2,5 ml/½ tsk vaniljeessens (ekstrakt)

Gnid smørret eller margarinen ind i melet, indtil det ligner brødkrummer. Bland brun farin og valnødder. Tryk alt undtagen 100 g/1 kop af blandingen i en smurt 20 cm kageform. Bages i en forvarmet ovn ved 180°C/350°F/gasmærke 4 i 15 minutter, indtil de er let brunede.

Pisk flødeost og perlesukker sammen til en jævn masse. Pisk æg, mælk, citronsaft og vaniljeessens sammen. Fordel blandingen over kagen i formen og drys med den reserverede nøddesmørblanding. Bag i yderligere 30 minutter, indtil de netop er sat og let brunede på overfladen. Lad det køle af, køl derefter og server koldt.

Amerikansk cheesecake

Giver en 23cm/9

175 g/6 oz/1½ kopper graham cracker krummer

15 ml/1 spiseskefuld granuleret sukker (superfint)

50 g/2 oz/¼ kop smør eller margarine, smeltet

Til fyldet:

450 g/1 lb/2 kopper flødeost

450 g/1 lb/2 kopper hytteost

250 g/9 oz/dynger 1 kop strøsukker (superfint)

10 ml/2 tsk vaniljeessens (ekstrakt)

5 æg, adskilt

400 ml/14 fl oz/1 stor dåse inddampet mælk

120 ml/4 fl oz/½ kop dobbelt creme (tung)

30 ml/2 spsk mel (alle formål)

En knivspids salt

15 ml/1 spsk citronsaft

Bland kiks og sukker i det smeltede smør og tryk i bunden af en 23 cm/9 cm løs bund kageform.

For at lave fyldet blandes ostene og derefter røres sukker og vaniljeessens i. Tilsæt æggeblommerne, derefter den inddampede mælk, fløde, mel, salt og citronsaft. Pisk æggehviderne stive, og vend dem derefter forsigtigt i blandingen. Hæld i gryden og bag i en forvarmet ovn ved 180°C/350°F/gasmærke 4 i 45 minutter. Lad det køle langsomt af, og køl derefter af inden servering.

Hollandsk bagt æbleostkage

Giver en kage på 20 cm

100 g/4 oz/½ kop smør eller margarine

175 g/6 oz/1½ kopper graham cracker krummer

2 spise (dessert) æbler, skrællet, udkernet og skåret i skiver

100 g/4 oz/2/3 kop sultanas (gyldne rosiner)

225 g/8 oz/2 kopper Gouda ost, revet

25 g/1 oz/¼ kop mel (all-purpose))

75 ml/5 spsk enkelt creme (let)

2,5 ml/½ tsk malet blandet krydderi (æbletærte).

Revet skal og saft af 1 citron

3 æg, adskilt

100 g/4 oz/¾ kop strøsukker (superfint)

2 rødskallede æbler, udkernede og skåret i skiver

30 ml/2 spsk abrikosmarmelade (konserveret), sigtet (filtreret)

Smelt halvdelen af smørret eller margarinen og tilsæt de smuldrede kiks. Pres blandingen ned i bunden af en 20 cm/8 kagedåse (form) med løs bund. Smelt det resterende smør og steg (svits) spiseæblerne, indtil de er bløde og gyldenbrune. Dræn det overskydende fedt, lad det køle lidt af, fordel derefter kiksebunden og drys med sultanas.

Bland ost, mel, fløde, blandede krydderier, citronsaft og -skal sammen. Bland æggeblommer og sukker og vend dem i osteblandingen, indtil det er godt blandet. Pisk æggehviderne stive, og kom dem derefter i blandingen. Hæld i den forberedte gryde og bag i en forvarmet ovn ved 180°C/350°F/gasmærke 4 i 40 minutter, indtil den er fast i midten. Lad afkøle i formen.

Arranger æbleskiverne i cirkler rundt om toppen af tærten. Varm marmeladen op og pensl den over æblerne for at glasere.

Bagt abrikos og hasselnødde cheesecake

For en 18cm/7

75 g/3 oz/1/3 kop smør eller margarine

100 g/4 oz/1 kop mel (alle formål))

100 g/4 oz/½ kop strøsukker (superfint)

25 g/1 oz/¼ kop malede hasselnødder

30 ml/2 spsk koldt vand

100 g/4 oz/2/3 kop spiseklare tørrede abrikoser, hakket

Revet skal og saft af 1 citron

100 g/4 oz/½ kop hytteost (glat hytteost)

100 g/4 oz/½ kop flødeost

25 g/1 oz/¼ kop majsstivelse (majsstivelse)

2 æg, adskilt

15 ml/1 spsk flormelis (til wienerbrød)

Gnid smørret eller margarinen ind i melet, indtil det ligner brødkrummer. Rør halvdelen af sukkeret og hasselnødderne i, og tilsæt derefter nok vand til at lave en fast pasta (pasta). Rul ud og brug den til at beklæde en smurt 18 cm/7 bred bundring. Fordel abrikoserne på bunden. Blend citronskal og -saft og ostene i en foodprocessor eller blender. Kombiner det resterende sukker, majsstivelse og æggeblommer, indtil blandingen er glat og cremet. Pisk æggehviderne stive, kom dem derefter ind i blandingen og fordel den over flanen. Bages i en forvarmet ovn ved 180°C/350°F/gas 4 i 30 minutter, indtil de er gennemhævet og gyldenbrune. Lad afkøle lidt, og sigt derefter flormelis over toppen og server lun eller kold.

Bagt cheesecake med abrikoser og appelsin

Serverer 8

Til pastaen (pastaen):

75 g/3 oz/1/3 kop smør eller margarine

175 g/6 oz/1½ kopper mel (all-purpose)

En knivspids salt

30ml/2 spsk vand

Til fyldet:

225 g/8 oz/1 kop ricotta (glat ricotta)

75 ml/5 spsk mælk

2 æg, adskilt

30 ml/2 spsk klar honning

3 dråber appelsinessens (ekstrakt)

Revet skal af 1 appelsin

25 g/1 oz/¼ kop mel (all-purpose))

75 g/3 oz/½ kop abrikoshalvdele, hakket

Gnid smørret eller margarinen ind i melet og saltet, indtil det ligner brødkrummer. Tilsæt gradvist nok vand til at lave en blød dej. Rul ud på en let meldrysset overflade og beklæd en smurt 20 cm/8 flan ring. Beklæd med fedtsugende papir (olie) og bønner og bag blindt i forvarmet ovn ved 200°C/400°F/gasmærke 6 i 10 minutter, fjern derefter papir og bønner, reducer ovntemperaturen til 190°C/375°F/gas mærke 5 og kog sagen (tærteskal) i yderligere 5 minutter.

Bland i mellemtiden ost, mælk, æggeblommer, honning, appelsinessens, appelsinskal og mel sammen til en jævn masse. Pisk æggehviderne, indtil der dannes bløde toppe, og vend dem derefter ind i blandingen. Hæld i posen og drys over abrikoserne. Bag i den forvarmede ovn i 20 minutter, indtil den er lige fast.

Ricotta og abrikosbagt cheesecake

Giver en 23cm/9

100 g/4 oz/½ kop smør eller margarine

225 g/8 oz/2 kopper graham cracker krummer

75 g/3 oz/1/3 kop granuleret sukker (superfint)

5 ml/1 tsk stødt kanel

900 g/2 lbs/4 kopper hytteost

30 ml/2 spsk mel (alle formål)

2,5 ml/½ tsk vaniljeessens (ekstrakt)

Revet skal af 1 citron

3 æggeblommer

350 g/12 oz abrikoser, udstenede (udstenede) og halveret

50 g/2 oz/½ kop mandler i flager

Smelt smørret, og tilsæt derefter kiks, 30 ml/2 spsk sukker og kanel. Pres blandingen i en smurt 23cm/9cm kageform (form). Pisk ricottaen med det resterende sukker, mel, vaniljeessens og citronskal i 2 minutter. Tilsæt gradvist æggeblommerne, indtil blandingen er jævn. Hæld halvdelen af fyldet på kiksebunden. Fordel abrikoserne over fyldet, drys med mandlerne, og hæld derefter det resterende fyld ovenpå. Bages i en forvarmet ovn ved 180°C/350°F/gasmærke 4 i 15 minutter, indtil den er fast at røre ved. Lad det køle af, og køl derefter.

Boston cheesecake

Giver en 23cm/9

225 g/8 oz/2 kopper almindelig kiks (kiks) krummer

50 g/2 oz/¼ kop strøsukker (superfint)

2,5 ml/½ tsk stødt kanel

En knivspids revet muskatnød

75 g/3 oz/1/3 kop smør eller margarine, smeltet

Til fyldet:

4 æg, adskilt

225 g/8 oz/1 kop strøsukker (superfint)

250 ml/8 fl oz/1 kop creme fraiche (mejeri surdej)

5 ml/1 tsk vaniljeessens (ekstrakt)

30 ml/2 spsk mel (alle formål)

En knivspids salt

450 g/1 lb/2 kopper flødeost

Bland småkagekrummer, sukker, kanel og muskatnød i det smeltede smør, og tryk derefter ned i bunden og siderne af en 23 cm/9 cm løsbundet gryde. Pisk æggeblommerne til du får en tyk og cremet konsistens. Pisk æggehviderne stive, vend 50 g/2 oz/¼ kop sukker i, og fortsæt med at piske indtil de er stive og blanke. Kombiner cremefraiche og vaniljeessens med æggeblommerne, og vend derefter det resterende sukker, mel og salt i. Vend forsigtigt osten i, og vend derefter æggehviderne i. Hæld i bunden og bag i en forvarmet ovn ved 160°C/325°F/gasmærke 3 i 1 time, indtil den er fast at røre ved. Lad det køle af, og køl derefter af inden servering.

Bagt caribisk ostekage

Giver en 23cm/9

Til basen:

100 g/4 oz/1 kop mel (alle formål))

25 g/1 oz/¼ kop malede mandler

25 g/1 oz/2 spsk blødt brun farin

50 g/2 oz/¼ kop smør eller margarine, smeltet og afkølet

1 æg

15 ml/1 spsk mælk

Til fyldet:

75 g/3 oz/½ kop rosiner

15-30 ml/1-2 spsk rom (efter smag)

225 g/8 oz/1 kop ricotta (glat ricotta)

50 g/2 oz/¼ kop smør eller margarine

25 g/1 oz/¼ kop malede mandler

50 g/2 oz/¼ kop strøsukker (superfint)

2 æg

For at forberede bunden skal du blande mel, mandler og brun farin. Arbejd smør eller margarine, ægget og mælken og ælt til en blød dej. Rul ud og form bunden af en smurt kageform på 23 cm/9 cm, prik det hele med en gaffel og bag i en forvarmet ovn ved 190°C/375°F/gasmærke 5 i 10 minutter, indtil de er gyldenbrune.

For at forberede fyldet skal du lægge rosinerne i blød i rom, indtil de er fyldige. Bland ost, smør, malede mandler og perlesukker sammen. Rør æggene i, og rør derefter rosiner og rom i efter smag.

Hæld over bunden og bag i den forvarmede ovn i 10 minutter, indtil den er gyldenbrun og lige så fast at røre ved.

Bagt chokolade cheesecake

Giver en 23cm/9

Til basen:

100 g/4 oz/1 kop ingefærkiks (kiks) krummer

15 ml/1 spsk sukker

50 g/2 oz/¼ kop smør, smeltet

Til fyldet:

175 g/6 oz/1½ kopper mørk chokolade (halvsød)

225 g/8 oz/1 kop strøsukker (superfint)

30 ml/2 spsk kakao (usødet chokolade) pulver

450 g/1 lb/2 kopper flødeost

120 ml/4 fl oz/½ kop creme fraiche (mælkesurdej)

5 ml/1 tsk vaniljeessens (ekstrakt)

4 æg, let pisket

For at lave bunden skal du kombinere kiks og sukker med det smeltede smør og trykke i bunden af en smurt 23 cm/9 cm kageform (kagedåse). For at lave fyldet, smelt chokoladen med halvdelen af sukker og kakao i en varmefast skål sat over en gryde med kogende vand. Fjern fra varmen og lad afkøle lidt. Pisk osten, indtil den er bleg, og vend derefter gradvist det resterende sukker, cremefraiche og vaniljeessens i. Pisk gradvist æggene, vend derefter chokoladeblandingen i, og hæld over den forberedte bund. Bages i en forvarmet ovn ved 180°C/350°F/gasmærke 4 i 40 minutter, indtil den er fast at røre ved.

Chokolade og nødde cheesecake

Giver en 23cm/9

Til basen:

100 g/4 oz/1 kop graham cracker krummer

100 g/4 oz/½ kop strøsukker (superfint)

50 g/2 oz/¼ kop smør, smeltet

Til fyldet:

175 g/6 oz/1½ kopper mørk chokolade (halvsød)

50 g/2 oz/¼ kop strøsukker (superfint)

30 ml/2 spsk kakao (usødet chokolade) pulver

450 g/1 lb/2 kopper flødeost

25 g/1 oz/¼ kop malede mandler

120 ml/4 fl oz/½ kop creme fraiche (mælkesurdej)

5 ml/1 tsk mandelessens (ekstrakt)

4 æg, let pisket

For at forberede bunden skal du blande småkagekrummerne og 100 g/4 oz/½ kop sukker i det smeltede smør og trykke ned i bunden af en smurt 23 cm/9 cm kageform. For at forberede fyldet, smelt chokoladen med sukker og kakao i en varmefast skål over en gryde med kogende vand. Fjern fra varmen og lad afkøle lidt. Pisk osten, indtil den er bleg, og vend derefter gradvist det resterende sukker, malede mandler, creme fraiche og mandelessens i. Pisk gradvist æggene, vend derefter chokoladeblandingen i, og hæld over den forberedte bund. Bages i en forvarmet ovn ved 180°C/350°F/gasmærke 4 i 40 minutter, indtil den er fast at røre ved.

tysk cheesecake

Giver en 23cm/9

Til basen

25 g/1 oz/2 spsk smør eller margarine

225 g/8 oz/2 kopper almindeligt mel (alle formål)

2,5 ml/½ tsk bagepulver

50 g/2 oz/¼ kop strøsukker (superfint)

1 æggeblomme

15 ml/1 spsk mælk

Til fyldet:

900 g/2 lbs/4 kopper hytteost

225 g/8 oz/1 kop strøsukker (superfint)

50 g/2 oz/¼ kop smør eller margarine, smeltet

250 ml/8 fl oz/1 kop dobbelt creme (tung)

5 ml/1 tsk vaniljeessens (ekstrakt)

4 æg, let pisket

175 g/6 oz/1 kop sultanas (gyldne rosiner)

15 ml/1 spsk majsstivelse (majsstivelse)

En knivspids salt

For at lave bunden skal du gnide smørret eller margarinen ind i melet og bagepulveret, derefter røre sukkeret i og lave et hul i midten. Kom æggeblomme og mælk sammen og bland det hele, indtil du får en ret blød dej. Tryk ind i bunden af en 23 cm/9 cm firkantet kageform (form).

For at lave fyldet, dræn den overskydende væske fra ricottaen, og rør derefter sukker, smeltet smør, fløde og vaniljeessens i. Kom æggene i. Smid sultanerne i majsstivelsen og saltet, indtil de er godt dækket, og vend dem derefter ind i blandingen. Hæld på bunden og bag i en forvarmet ovn ved 230°C/450°F/gasmærke 8 i 10 minutter. Reducer ovntemperaturen til 190°C/375°F/gasmærke 5 og kog i endnu en time, indtil den er fast at røre ved. Lad det køle af i formen, og afkøl derefter.

Irsk flødelikør cheesecake

Giver en 23cm/9

Til basen:

225 g/8 oz/2 kopper graham cracker krummer

50 g/2 oz/½ kop malede mandler

100 g/4 oz/½ kop strøsukker (superfint)

100 g/4 oz/½ kop smør eller margarine, smeltet

Til fyldet:

900 g/2 lbs/4 kopper flødeost

225 g/8 oz/1 kop strøsukker (superfint)

5 ml/1 tsk vaniljeessens (ekstrakt)

175 ml/6 fl oz/¾ kop irsk flødelikør

3 æg

Til fyldet:

250 ml/8 fl oz/1 kop creme fraiche (mejeri surdej)

60 ml/4 spsk Irish Cream Liqueur

50 g/2 oz/¼ kop strøsukker (superfint)

For at forberede bunden skal du blande kiks, mandler og sukker med det smeltede smør eller margarine og trykke i bunden og siderne af en 23 cm/9 cm springform. Kold.

For at lave fyldet, pisk flødeost og sukker, indtil det er glat. Bland vaniljeessens og likør. Tilsæt gradvist æggene. Hæld på bunden og bag i en forvarmet ovn ved 180°C/350°F/gasmærke 4 i 40 minutter.

For at lave toppingen piskes fløde, likør og sukker, indtil du får en tyk creme. Hæld cheesecaken over og fordel jævnt. Sæt cheesecaken tilbage i ovnen i yderligere 5 minutter. Lad det køle af, og køl derefter af inden servering.

Amerikansk cheesecake med citron og valnødder

Giver en kage på 20 cm

Til basen:

225 g/8 oz/2 kopper graham cracker krummer

25 g/1 oz/2 spsk granuleret sukker (superfint)

5 ml/1 tsk stødt kanel

50 g/2 oz/¼ kop smør eller margarine, smeltet

Til fyldet:

2 æg, adskilt

100 g/4 oz/½ kop granuleret sukker

350 g/12 oz/1½ kopper hel blød ost

Revet skal og saft af 1 citron

150 ml/¼ pt/2/3 kop dobbelt creme (tung)

25 g/1 oz/¼ kop hakkede blandede nødder

For at forberede bunden, fold krummer, sukker og kanel i smørret eller margarinen. Beklæd bunden og siderne af en 20 cm/8 kageform i en brødform (form). Kold.

For at forberede fyldet, pisk æggeblommer og sukker, indtil det er tykt. Kom ost, citronskal og saft i. Pisk fløden stiv, og kom den derefter i blandingen. Pisk æggehviderne stive, og kom dem derefter i blandingen. Hæld over bunden og bag i en forvarmet ovn ved 160°C/325°F/gasmærke 3 i 45 minutter. Drys med valnødderne og sæt dem tilbage i ovnen i yderligere 20 minutter. Sluk for ovnen og lad cheesecaken køle af i ovnen, og lad den derefter køle af inden servering.

Orange cheesecake

Giver en 23cm/9

Til basen:

100 g/4 oz/1 kop knuste wafer-kiks (småkager)

2,5 ml/½ tsk stødt kanel

15 ml/1 spsk æggehvide

Til fyldet:

450 g/1 lb/2 kopper hytteost

225 g/8 oz/1 kop flødeost

75 g/3 oz/1/3 kop granuleret sukker (superfint)

15 ml/1 spsk mel (alle formål)

30 ml/2 spsk appelsinjuice

10 ml/2 tsk revet appelsinskal

5 ml/1 tsk vaniljeessens (ekstrakt)

1 stor appelsin, skåret i både og membraner fjernet

100 g/4 oz jordbær, skåret i skiver

For at forberede bunden, bland de skorpede vafler og kanel. Pisk æggehviderne til de er skummende, og fold dem derefter i krummerne. Tryk blandingen ned i bunden af en 23 cm/9 cm løsbundet kageform. Bages i en forvarmet ovn ved 180°C/350°F/gasmærke 4 i 10 minutter. Tag ud af ovnen og lad det køle af. Reducer ovntemperaturen til 150°C/300°F/gasmærke 2.

For at lave fyldet blandes oste, sukker, mel, appelsinsaft og -skal og vaniljeessens sammen, indtil det er glat. Hæld over bunden og bag i den forudindstillede ovn i 35 minutter, indtil den er fast. Lad det køle af, og køl derefter, indtil det er sat. Pynt med appelsiner og jordbær.

Ricotta cheesecake

Giver en 23cm/9

Til basen:

25 g/1 oz/2 spsk granuleret sukker (superfint)

5 ml/1 tsk revet citronskal

100 g/4 oz/1 kop mel (alle formål))

Et par dråber vaniljeessens (ekstrakt)

1 æggeblomme

25 g/1 oz/2 spsk smør eller margarine

Til fyldet:

750 g/1½ lb/3 kopper hytteost

225 g/8 oz/1 kop strøsukker (superfint)

120 ml/4 fl oz/½ kop dobbelt creme (tung)

45 ml/3 spsk mel (alle formål)

5 ml/1 tsk vaniljeessens (ekstrakt)

5 æg, adskilt

150 g/5 oz hindbær eller jordbær

For at forberede bunden, pisk sukker, citronskal og mel sammen, og tilsæt derefter vaniljeessens, æggeblomme og smør eller margarine. Fortsæt med at piske indtil blandingen danner en dej. Rul halvdelen af dejen ud i en smurt 9 cm/23 cm springform og bag i en forvarmet ovn ved 200°C/400°F/gasmærke 6 i 8 minutter. Reducer ovntemperaturen til 180°C/350°F/gasmærke 4. Lad den køle af, og tryk derefter den resterende blanding rundt om siderne af gryden.

Til toppingen piskes ricottaen, indtil den er cremet. Bland sukker, fløde, mel, vaniljeessens og æggeblommer. Pisk æggehviderne stive, og kom dem derefter i blandingen. Hæld i mørdejen og bag i en forvarmet ovn i 1 time. Lad den køle af i dåsen, og køl derefter af, inden du lægger frugten ovenpå til servering.

Bagt ost og cremefraiche lagdelt cheesecake

Giver en 23cm/9

50 g/2 oz/¼ kop smør eller margarine, blødgjort

50 g/2 oz/¼ kop strøsukker (superfint)

1 æg

350 g/12 oz/3 kopper almindeligt mel (alle formål)

Til fyldet:

675 g/1½ lbs/3 kopper flødeost

15 ml/1 spsk citronsaft

5 ml/1 tsk revet citronskal

175 g/6 oz/¾ kop strøsukker (superfint)

3 æg

250 ml/8 fl oz/1 kop creme fraiche (mejeri surdej)

5 ml/1 tsk vaniljeessens (ekstrakt)

For at forberede bunden, pisk smør eller margarine og sukker sammen, indtil det er let og luftigt. Pisk gradvist ægget i, og rør derefter melet i til en pasta (pasta). Rul ud og brug til at beklæde en smurt 23 cm/9 cm kageform (form) og bag i en forvarmet ovn ved 220°C/425°F/gasmærke 7 i 5 minutter.

For at lave fyldet blandes flødeost, citronsaft og skal. Reserver 30 ml/2 spsk sukker, og bland derefter resten i osten. Tilsæt gradvist æggene, og hæld derefter blandingen over bunden. Bag i forvarmet ovn i 10 minutter, reducer derefter ovntemperaturen til 150°C/300°F/gasmærke 2 og bag i yderligere 30 minutter. Bland cremefraiche, det reserverede sukker og vaniljeessens sammen.

Hæld over kagen og sæt tilbage i ovnen og bag i yderligere 10 minutter. Lad det køle af, og køl derefter af inden servering.

Let bagt cheesecake med sultanas

For en 18cm/7

75 g/3 oz/1/3 kop smør eller margarine, smeltet

100 g/4 oz/1 kop havregryn

50 g/2 oz/1/3 kop sultanas (gyldne rosiner)

Til fyldet:
50 g/2 oz/¼ kop smør eller margarine, blødgjort

250 g / 9 oz / generøs 1 kop kvark

2 æg

25 g/1 oz/3 spsk sultanas (gyldne rosiner)

25 g/1 oz/¼ kop malede mandler

Saft og revet skal af 1 citron

45 ml/3 spsk almindelig yoghurt

Bland smør eller margarine, havre og sultanas sammen. Tryk ind i bunden af en smurt 18 cm/7 cm kageform og bag i en forvarmet ovn ved 180°C/350°F/gasmærke 4 i 10 minutter. Bland ingredienserne til fyldet og hæld over bunden. Bages i yderligere 45 minutter. Lad den køle af i formen, inden den tages ud.

Let bagt vanilje cheesecake

Giver en 23cm/9

175 g/6 oz/1½ kopper graham cracker krummer

225 g/8 oz/1 kop strøsukker (superfint)

5 æggehvider

50 g/2 oz/¼ kop smør eller margarine, smeltet

225 g/8 oz/1 kop flødeost

225 g/8 oz/1 kop hytteost

120 ml/4 fl oz/½ kop mælk

30 ml/2 spsk mel (alle formål)

5 ml/1 tsk vaniljeessens (ekstrakt)

En knivspids salt

Bland småkagekrummerne og 50 g/2 oz/¼ kop sukker. Pisk en æggehvide let og vend den i smørret eller margarinen, og bland det derefter i småkage-krummeblandingen. Tryk ind i bunden og siderne af en 9 cm/23 cm bradeform (form) og lad stivne.

For at lave fyldet, pisk flødeost og ricotta sammen, og rør derefter det resterende sukker, mælk, mel, vaniljeessens og salt i. Pisk de resterende æggehvider stive, og kom dem derefter i blandingen. Hæld over bunden og bag i en forvarmet ovn ved 180°C/350°F/gasmærke 4 i 1 time, indtil den er fast i midten. Lad den køle af i gryden i 30 minutter, før den tages ud på en rist for at afslutte afkølingen. Afkøl indtil servering.

Bagt hvid chokolade cheesecake

For en 18cm/7

225 g/8 oz/2 kopper chokolade digestive kiks (halvsød) (Graham cracker) krummer

50 g/2 oz/¼ kop smør eller margarine, smeltet

300g/11oz/2¾ kopper hvid chokolade

400 g/1¾ kopper flødeost

150 ml/¼ pt/2/3 kop creme fraiche (mælkesurdej)

2 æg, let pisket

5 ml/1 tsk vaniljeessens (ekstrakt)

Rør småkagekrummerne i smørret eller margarinen og tryk i bunden af en 7-tommers/7 løsbundet kageform. Smelt den hvide chokolade i en varmefast skål over en gryde med kogende vand. Tag af varmen og rør flødeost, fløde, æg og vaniljeessens i. Fordel massen på bunden og niveller overfladen. Bages i en forvarmet ovn ved 160°C/325°F/gasmærke 3 i 1 time, indtil den er fast at røre ved. Lad afkøle i formen.

Hvid chokolade og hasselnødde cheesecake

Giver en 23cm/9

225 g/8 oz chokoladevafler (småkager)

100 g/4 oz/1 kop malede hasselnødder

30 ml/2 spsk blødt brun farin

5 ml/1 tsk stødt kanel

225 g/8 oz/1 kop smør eller margarine

450 g/1 lb/4 kopper hvid chokolade

900 g/2 lbs/4 kopper flødeost

4 æg

1 æggeblomme

5 ml/1 tsk vaniljeessens (ekstrakt)

Kværn eller knus vaflerne og bland dem med halvdele af hasselnødderne, sukkeret og kanelen. Sæt 45 ml/3 spsk af toppingblandingen til side. Smelt 90 ml/6 spsk smør eller margarine og bland i den resterende waferblanding. Tryk ind i bunden og siderne af en smurt 9/23 cm løsbundet 9/23 cm kagedad (bradepande) og lad den køle af, mens du forbereder fyldet.

Smelt chokoladen i en varmefast skål over en gryde med kogende vand. Fjern fra varmen og lad afkøle lidt. Pisk osten til den er let og luftig. Vend gradvist æggene og blommen i, og vend derefter det resterende smør og smeltet chokolade i. Rør vaniljeessensen og de resterende hasselnødder i og pisk til det er glat. Hæld fyldet i krummebunden. Bages i en forvarmet ovn ved 150°C/300°F/gasmærke 2 i 1¼ time. Drys toppen med cookievalnøddewaferblandingen og sæt tilbage i ovnen i yderligere 15 minutter. Lad det køle af, og køl derefter af inden servering.

Hvid chokolade og oblat cheesecake

Giver en 23cm/9

225 g/8 oz chokoladevafler (småkager)

30 ml/2 spsk rørsukker (superfint)

5 ml/1 tsk stødt kanel

225 g/8 oz/1 kop smør eller margarine

450 g/1 lb/4 kopper hvid chokolade

900 g/2 lbs/4 kopper flødeost

4 æg

1 æggeblomme

5 ml/1 tsk vaniljeessens (ekstrakt)

Kværn eller mos vaflerne og bland dem med sukker og kanel. Sæt 45 ml/3 spsk af toppingblandingen til side. Smelt 90 ml/6 spsk smør eller margarine og bland i den resterende waferblanding. Tryk bunden og siderne af en smurt 9/23 cm gryde ned i en løsbundet kageform (form) og afkøl.

For at forberede fyldet skal du smelte chokoladen i en varmefast skål over en gryde med kogende vand. Fjern fra varmen og lad afkøle lidt. Pisk osten til den er let og luftig. Vend gradvist æggene og blommen i, og vend derefter det resterende smør og smeltet chokolade i. Rør vaniljeessensen i og pisk til det er glat. Hæld fyldet i krummebunden. Bages i en forvarmet ovn ved 150°C/300°F/gasmærke 2 i 1¼ time. Drys toppen med den reserverede wafer-småkageblanding og returner til ovnen i yderligere 15 minutter. Lad det køle af, og køl derefter af inden servering.

Wienerbrød

Mørdej (basisdej) er den mest alsidige mørdej (pasta) og kan bruges til alle slags anvendelser, primært tærter og tærter. Det brændes normalt ved 200°C/400°F/gasmærke 6.

Til 350 g/12 oz

225 g/8 oz/2 kopper almindeligt mel (alle formål)

2,5 ml/½ tsk salt

50 g/2 oz/¼ kop spæk (afkortning)

50 g/2 oz/½ kop smør eller margarine

30–45 ml/2–3 spsk koldt vand

Bland mel og salt i en skål, og gnid derefter spæk og smør eller margarine sammen, indtil det ligner brødkrummer. Sprøjt vandet jævnt over blandingen, og bland det derefter med en rundbladet kniv, indtil pastaen begynder at danne store klumper. Tryk forsigtigt med fingrene for at danne en kugle med mørdejen. Rul ud på en let meldrysset overflade, indtil den er glat, men overdriv det ikke. Pakk ind i husholdningsfilm (plastfolie) og stil på køl i 30 minutter før brug.

Mørdej med olie

I lighed med mørdej (den grundlæggende mørdej), er denne mere smuldrende og bør bruges, så snart den er lavet. Det brændes normalt ved 200°C/400°F/gasmærke 6.

Til 350 g/12 oz

75 ml/5 spsk olie

65 ml/2½ fl oz/4½ spsk koldt vand

225 g/8 oz/2 kopper almindeligt mel (alle formål)

En knivspids salt

Pisk olie og vand sammen i en skål, indtil det er blandet. Tilsæt gradvist mel og salt, bland med en rund kniv til en dej. Vend ud på en let meldrysset overflade og ælt forsigtigt, indtil den er glat. Pakk ind i husholdningsfilm (plastfolie) og stil på køl i 30 minutter før brug.

Rig mørdej

Den bruges til tærter og søde flaner, da den er rigere end den normale muldskorpe (basisskorpe). Det brændes normalt ved 200°C/400°F/gasmærke 6.

Til 350 g/12 oz

150 g/5 oz/1¼ kopper almindeligt mel (all-purpose)

En knivspids salt

75 g/3 oz/1/3 kop usaltet smør (sødt) eller margarine

1 æggeblomme

10 ml/2 tsk strøsukker (superfint)

45–60 ml/3–4 spsk koldt vand

Bland mel og salt i en skål, og gnid derefter smør eller margarine i, indtil det ligner brødkrummer. Pisk æggeblomme, sukker og 10 ml/2 tsk vand i en lille skål, og vend derefter melet i med en rund kniv, og tilsæt nok ekstra vand til at lave en blød dej. Form en kugle, læg den på en let meldrysset overflade og ælt forsigtigt, indtil blandingen er glat. Pakk ind i husholdningsfilm (plastfolie) og stil på køl i 30 minutter før brug.

Amerikansk mørdej

En klæbrig pasta (pasta), der giver en mere sprød finish, ideel til brug med frugt. Det brændes normalt ved 200°C/400°F/gasmærke 6.

Til 350 g/12 oz

175 g/6 oz/¾ kop smør eller margarine, blødgjort

225 g/8 oz/2 kopper selvhævende mel (selvhævende)

2,5 ml/½ tsk salt

45 ml/3 spsk koldt vand

Pisk smør eller margarine, indtil det er blødt. Rør gradvist mel, salt og vand i og ælt til en klistret dej. Dæk med husholdningsfilm (plastfolie) og lad det køle af i 30 minutter. Rul ud mellem let meldryssede plader bagepapir.

Ost Pasta

En mørdej (pasta) til salte tærter eller bagværk. Det brændes normalt ved 200°C/400°F/gasmærke 6.

Til 350 g/12 oz

100 g/4 oz/1 kop mel (alle formål))

En knivspids salt

En knivspids cayenne

50 g/2 oz/¼ kop smør eller margarine

50 g/2 oz/½ kop cheddarost, revet

1 æggeblomme

30 ml/2 spsk koldt vand

Bland mel, salt og cayennepeber i en skål, og gnid derefter smør eller margarine i, indtil det ligner brødkrummer. Rør osten i, og tilsæt derefter æggeblommen og lige nok vand til at lave en fast dej. Vend ud på en let meldrysset overflade og ælt forsigtigt, indtil det er blandet. Pakk ind i husholdningsfilm (plastfolie) og stil på køl i 30 minutter før brug.

Choux wienerbrød

En let wienerbrød (pasta), der svulmer op til tre gange sin råstørrelse, når den koges. Ideel til flødekager og bagværk. Det brændes normalt ved 200°C/400°F/gasmærke 6.

Til 350 g/12 oz

50 g/2 oz/¼ kop usaltet smør (sødt)

150 ml/¼ pt/2/3 kop lige store mængder mælk og vand, blandet

75 g/3 oz/1/3 kop mel (all-purpose)

2 æg, let pisket

Smelt smørret med mælk og vand i en gryde ved svag varme. Bring hurtigt i kog, tag af varmen. Hæld alt melet i og pisk indtil blandingen kommer fra siderne af gryden. Lad afkøle lidt. Pisk gradvist æggene, lidt ad gangen, indtil blandingen er glat og blank.

Butterdej

Butterdej (pasta) bruges til delikate desserter såsom flødehorn. Det bør kun gøres under kølige forhold. Det brændes normalt ved 220°C/425°F/gasmærke 7.

Til 450 g/1 lb

225 g/8 oz/2 kopper almindeligt mel (alle formål)

2. 5ml/½ teskefuld salt

75 g/3 oz/1/3 kop spæk (fedt)

75 g/3 oz/1/3 kop smør eller margarine

5 ml/1 tsk citronsaft

100 ml/3½ fl oz/6½ spsk iskoldt vand

Bland mel og salt sammen i en skål. Pisk spæk og smør eller margarine sammen, formes derefter til et brød og skær det i kvarte. Gnid en fjerdedel af fedtstoffet ind i melet, indtil det ligner brødkrummer. Tilsæt citronsaft og lige nok vand til at ælte med en rund kniv til en blød dej. Dæk med husholdningsfilm (plastfolie) og lad det køle af i 20 minutter.

Rul dejen ud på en let meldrysset overflade til ca. 5 mm/¼ tykkelse. Hak den næste fede fjerdedel og prik alle to tredjedele af dejen, så der er plads rundt om kanten. Fold den smurte tredjedel af dejen over fedtet, og fold derefter den smurte tredjedel over. Tryk fingrene rundt om alle sømme for at forsegle. Dæk med film og lad det afkøle i 20 minutter.

Rul dejen ud på overfladen med sømmen til højre. Rul ud som før, og drys derefter med den tredje fjerdedel fedtstof. Fold, forsegl og afkøl som før.

Rul dejen ud på overfladen med sømmen til venstre. Rul ud som før, og prik derefter med den sidste fjerdedel fedt. Fold, forsegl og afkøl som før.

Rul dejen ud til en tykkelse på 5 mm/¼, og fold den derefter sammen. Dæk med plastfolie og lad afkøle i 20 minutter før brug.

Gennemse

Butterdej (dej) skal hæve cirka seks gange højden, når den bages og kan bruges til alle typer lette kager, der kræver en luftig dej. Det tilberedes normalt ved 230°C/450°F/gasmærke 8.

Til 450 g/1 lb

225 g/8 oz/2 kopper almindeligt mel (alle formål)

5 ml/1 tsk salt

225 g/8 oz/1 kop smør eller margarine

2,5 ml/½ tsk citronsaft

150 ml/¼ pt/2/3 kop iskoldt vand

Bland mel og salt sammen i en skål. Skær 2 oz/50 g/¼ kop smør eller margarine i stykker, og gnid derefter ind i melet, indtil blandingen ligner brødkrummer. Tilsæt citronsaft og vand og bland med en rund kniv, indtil du får en blød dej. Vend dejen ud på en let meldrysset overflade og ælt forsigtigt til den er glat. Form til en kugle og skær et dybt kryds i midten, skær cirka tre fjerdedele af dejen (pastaen) igennem. Åbn flapperne og rul dejen, så midten er tykkere end kanterne. Placer det resterende smør eller margarine i midten af dejen, fold flapperne over for at dække det og forsegl kanterne. Rul dejen ud til et rektangel på 40 x 20 cm/16 x 8 cm, og pas på ikke at spilde smørret. Fold den nederste tredjedel af dejen over midten, og fold derefter den øverste tredjedel. Tryk kanterne for at forsegle, og giv derefter dejen en kvart omgang. Dæk med husholdningsfilm (plastfolie) og lad det køle af i 20 minutter. Gentag processen med at rulle, folde og afkøle 6 gange i alt. Dæk til med plastfolie og lad afkøle i 30 minutter før brug.

Groft butterdej

Nemmere at lave end butterdej (pasta), med en let konsistens, serveres den bedst varm frem for kold. Det brændes normalt ved 220°C/425°F/gasmærke 7.

Til 450 g/1 lb

225 g/8 oz/2 kopper almindeligt mel (alle formål)

5 ml/1 tsk salt

175 g/6 oz/¾ kop smør eller margarine, koldt og skåret i tern

5 ml/1 tsk citronsaft

150 ml/¼ pt/2/3 kop iskoldt vand

Bland alle ingredienserne med en rund kniv til en blød dej. Vend ud på en let meldrysset overflade og rul forsigtigt ud til et 30 x 10 cm/12 x 4 rektangel ca. 2 cm/¾ tykt. Fold den nederste tredjedel af dejen over midten, derefter den øverste tredjedel ned. Vend dejen om, så sømmen er til venstre, og forsegl kanterne med fingerspidserne. Rul et lidt større rektangel ud ca. 1/½ cm tykt. Fold i tre ligeligt, forsegl kanterne, og giv dejen en kvart omgang. Dæk med husholdningsfilm (plastfolie) og lad det køle af i 20 minutter. Gentag denne rulning, foldning og drejning fire gange i alt, afkøl hver anden omgang. Pak den ind i plastfolie og lad den køle af i 20 minutter før brug.

Paté Sucree

En tynd, sød wienerbrød (pasta) med en smeltende tekstur, fantastisk til tærter (tærteskaller). Det er normalt blindfyret ved 180°C/350°F/gasmærke 4.

Til 350 g/12 oz

100 g/4 oz/1 kop mel (alle formål))

En knivspids salt

50 g/2 oz/¼ kop smør eller margarine, blødgjort

50 g/2 oz/¼ kop strøsukker (superfint)

2 æggeblommer

Sigt mel og salt på en kold bordplade og lav et hul i midten. Placer smør eller margarine, sukker og æggeblommer i midten og arbejd sammen, mens du gradvist inkorporerer melet med fingerspidserne, indtil du har en blød, glat dej. Dæk til med husholdningsfilm (plastfolie) og stil på køl i 30 minutter før brug.

Choux flødeboller

siden 16

50 g/2 oz/¼ kop usaltet smør (sødt)

150 ml/¼ pt/2/3 kop lige store mængder mælk og vand, blandet

75 g/3 oz/1/3 kop mel (all-purpose)

2 æg, pisket

150 ml/¼ pt/2/3 kop dobbelt creme (tung)

Flormelis (til wienerbrød) sigtet til afstøvning

Smelt smørret med mælk og vand i en gryde, og bring det derefter i kog. Fjern fra varmen, hæld alt mel i og pisk indtil blandingen kommer af siderne af gryden. Pisk gradvist æggene lidt ad gangen, indtil de er blandet. Krydr eller kom dejen på en fugtet (kiks)pande og bag den i en forvarmet ovn ved 200°C/400°F/gasmærke 6 i 20 minutter, afhængig af størrelsen, indtil den er gyldenbrun. Lav et snit i siden af hver kage for at lade damp slippe ud, og lad derefter køle af på en rist. Pisk fløden til den er stiv, og hæld den derefter i midten af flødepuderne. Server drysset med flormelis.

Mandarinpuster

siden 16

Til pastaen (pastaen):

50 g/2 oz/¼ kop smør

150 ml/¼ pt/2/3 kop vand

75 g/3 oz/¾ kop almindeligt mel (all-purpose)

2 æg, pisket

Til fyldet:

300 ml/½ pt/1¼ kopper dobbelt creme (tung)

75 g/3 oz/¾ kop cheddarost, revet

10 ml/2 tsk appelsinlikør

300 g/11 oz/1 medium dåse mandariner, drænet

Smelt smørret med vandet i en gryde, og bring det derefter i kog. Fjern fra varmen, hæld alt mel i og pisk indtil blandingen kommer af siderne af gryden. Pisk gradvist æggene, lidt ad gangen, indtil de er blandet. Krydr eller læg skefulde af dejen på en fugtet (kiks) bageplade og bag i en forvarmet ovn ved 200°C/400°F/gasmærke 6 i 20 minutter, afhængigt af størrelsen, indtil de er brune. Lav et snit i siden af hver kage for at lade damp slippe ud, og lad derefter køle af på en rist.

Pisk halvdelen af fløden stiv, og vend derefter ost og likør i. Hæld i flødepuster og pres et par mandariner i hver. Anret flødepuderne på en stor tallerken og server dem med den resterende creme.

Chokolade éclairs

gør 10

225 g/8 oz choux wienerbrød

Til fyldet:

150 ml/¼ pt/2/3 kop dobbelt creme (tung)

5 ml/1 tsk rørsukker (superfint)

5 ml/1 tsk flormelis (til wienerbrød)

Et par dråber vaniljeessens (ekstrakt)

Til saucen:

2 oz/50 g /½ kop mørk chokolade (halvsød)

15 g/1 spsk smør eller margarine

20 ml/4 tsk vand

25 g/1 oz/3 spsk flormelis (konditorer)

Kom dejen i en kagepose udstyret med en 2 cm/¾ almindelig dyse (spids) og form 10 stykker på en let smurt (kiks)pande med god afstand fra hinanden. Bages i en forvarmet ovn ved 190°C/375°F/gasmærke 5 i 30 minutter, indtil éclairs er godt hævet og gyldenbrune. Placer på en rist og skær den ene side for at lade dampen slippe ud. Lad afkøle.

For at lave fyldet piskes fløden med sukker og vaniljeessens. Hæld i éclairs.

For at lave saucen, smelt chokolade, smør eller margarine og vand i en lille gryde ved svag varme under konstant omrøring. Pisk flormelis og fordel på overfladen af éclairs.

Profiteroles

gør 20

225 g/8 oz choux wienerbrød

Til fyldet:

150 ml/¼ pt/2/3 kop dobbelt creme (tung)

5 ml/1 tsk rørsukker (superfint)

5 ml/1 tsk flormelis (til wienerbrød)

Et par dråber vaniljeessens (ekstrakt)

Til saucen:

50 g/2 oz/½ kop mørk chokolade (halvsød), revet

25 g/1 oz/2 spsk granuleret sukker (superfint)

300 ml/½ pt 1¼ kopper mælk

15 ml/1 spsk majsstivelse (majsstivelse)

Et par dråber vaniljeessens (ekstrakt)

Kom dejen i en kagepose udstyret med en 2 cm/¾ almindelig dyse (spids) og form ca. 20 kugler på en let smurt (kiks)pande med god afstand fra hinanden. Bages i en forvarmet ovn ved 190°C/375°F/gasmærke 5 i 25 minutter, indtil profiterolerne er godt hævede og gyldenbrune. Placer dem på en rist og skær hver enkelt for at lade dampen slippe ud. Lad afkøle.

For at lave fyldet piskes fløden med sukker og vaniljeessens. Hæld i profiterolerne. Anret dem i en høj bunke i et serveringsfad.

For at lave saucen, læg chokoladen og sukkeret i en skål med alt undtagen 15 ml/1 spsk mælk. Bland den reserverede mælk med majsstivelsen. Opvarm mælk, chokolade og sukker ved svag varme, indtil chokoladen smelter, rør af og til. Rør majsmelblandingen i og bring det i kog. Kog i 3 minutter under omrøring. Tilsæt vaniljeessens. Si over i en varm kande. Hæld den varme sauce over profiterolerne, eller lad dem køle af og hæld derefter over kagerne.

Mandel og fersken wienerbrød

Giver en 23cm/9

250 g/12 oz butterdej

225 g/8 oz/2 kopper malede mandler

175 g/6 oz/¾ kop strøsukker (superfint)

2 æg

5 ml/1 tsk citronsaft

15 ml/1 spsk Amaretto

450 g/1 lb ferskner, udstenede (udstenede) og halveret

Ekstra granuleret sukker (superfint) til aftørring

50 g/2 oz/½ kop mandler i flager

Rul dejen ud på en let meldrysset overflade til to rektangler på ca. 5 mm/¼ tykke. Læg en på en fugtet bageplade (kiks). Bland de formalede mandler, sukker, et æg, citronsaft og Amaretto og bland indtil du får en pasta. Rul dejen ud til et rektangel af tilsvarende størrelse og læg dejen ovenpå. Arranger ferskerne med snitsiden nedad på mandelmassen. Skil det resterende æg fra hinanden og pensl kanterne af dejen med lidt pisket æggeblomme. Fold det resterende dejrektangel i to på langs. Skær slidser for hver 1 cm fra folden op til 1 cm fra den modsatte kant. Rul butterdejen ud og læg den oven på ferskerne, og tryk kanterne godt til for at lukke. Skær kanterne af med en kniv. Afkøl i 30 minutter. Pensl med den resterende piskede æggeblomme og bag i en forvarmet ovn ved 220°C/425°F/gasmærke 7 i 20 minutter, indtil den er godt hævet. Pensl med æggehvide, drys med perlesukker og drys med flager af mandler. Sæt tilbage i ovnen i yderligere 10 minutter, indtil den er gyldenbrun.

Æble små kager

siden 6

225 g/8 oz butterdej

1 stort æble at spise (til dessert)

15 ml/1 spsk citronsaft

30 ml/2 spsk abrikosmarmelade (konserveret), sigtet (filtreret)

15 ml/1 spiseskefuld vand

Rul butterdejen ud og skær den i 13 cm/5 firkanter. Lav fire snit på 5 cm/2 på de diagonale linjer på dejfirkanterne fra kanten mod midten. Fugt midten af firkanterne og tryk på en prik fra hvert hjørne i midten for at skabe en vindmølle. Skræl, udkern og skær æblet i tynde skiver og dryp med citronsaft. Arranger æbleskiverne i midten af vindmøllerne og bag dem i en forvarmet ovn ved 220°C/425°F/gasmærke 7 i 10 minutter, indtil de er hævede og gyldenbrune. Varm marmeladen op med vandet, indtil den er godt blandet, og pensl derefter æblerne og glasurpastaen over. Lad afkøle.

Flødekager

gør 10

450 g/1 lb butterdej eller flaget dej

1 æggeblomme

15 ml/1 spsk mælk

300 ml/½ pt/1¼ kopper dobbelt creme (tung)

50 g/2 oz/1/3 kop flormelis (konditorer), sigtet, plus ekstra til aftørring

Rul dejen ud til et 50 x 30 cm/20 x 12 rektangel, klip kanterne til, og skær derefter på langs i 2,5 cm/1. Bland æggeblommen med mælken og pensl dejen grundigt med blandingen, pas på, at ægget ikke kommer i bunden af dejen eller klæber til ramekins. Vikl hver strimmel i en spiral omkring en metalhornform, der overlapper kanterne på kagestrimlerne. Pensl igen med æggeblomme og mælk og læg på en bageplade (kiks) med enden under. Bages i en forvarmet ovn ved 200°C/400°F/gasmærke 6 i 15 minutter, indtil de er gyldenbrune. Lad det køle af i 3 minutter, og fjern derefter formene fra det stadig varme wienerbrød. Lad afkøle. Pisk fløden med flormelis til den er stiv og hæld den derefter i flødehornene.

Feuilleté

siden 6

225 g/8 oz butterdej

100 g hindbær

120 ml/4 fl oz/½ kop dobbelt creme (tung)

60 ml/4 spsk flormelis (til wienerbrød)

Et par dråber vand

Et par dråber rød madfarve

Rul dejen ud til en tykkelse på 5 mm/¼ på en let meldrysset overflade og klip kanterne til til et rektangel. Placer på en usmurt (kiks) bakke og bag i en forvarmet ovn ved 220 °C / 425 °F / gasmærke 7 i 10 minutter, indtil den er godt hævet og brunet. Lad afkøle.

Skær dejen i to lag vandret. Vask, afdryp og tør frugten grundigt. Pisk fløden stiv. Rul det nederste lag af dejen ud, top med frugten, og læg derefter det øverste lag af wienerbrød ovenpå. Kom flormelis i en skål og tilsæt gradvist nok vand til at lave en tyk glasur. Fordel det meste af frostingen over toppen af kagen. Farv den resterende glasur med lidt madfarve, tilsæt lidt mere flormelis, hvis den bliver for flydende. Sprøjt eller sprøjt i linjer på den hvide glasur, og skub derefter en cocktailhakke (tandstikker) gennem linjerne for at skabe en fjeragtig effekt. Server straks.

Ricottafyldte kager

siden 16

350 g/12 oz butterdej

1 æggehvide

10 ml/2 tsk strøsukker (superfint)

Til fyldet:

150 ml/¼ pt/2/3 dobbelt kop (tung) eller piskefløde

100 g/4 oz/½ kop hytteost

30 ml/2 spsk rørsukker (superfint)

45 ml/3 spsk hakket blandet skræl

Flormelis (konfekture) til aftørring

Rul dejen (pastaen) tyndt ud på en let meldrysset overflade og skær den i fire 18 cm/7 cirkler. Skær hver cirkel i kvarte, læg på en let smurt (kiks)pande og stil den på køl i 30 minutter.

Pisk æggehviden luftig, og vend derefter sukkeret i. Pensl mørdejen og bag den i en forvarmet ovn i 10 minutter, indtil den er gennemhævet og gyldenbrun. Overfør til en rist og lav et snit i trekanterne, som fyldet hældes i. Lad afkøle.

For at forberede fyldet piskes fløden stiv. Blødgør Ricottaen i en skål, og tilsæt derefter fløde, sukker og frugt. Smag til eller hæld fyldet i kagerne og server straks, drysset med melis.

Valnøddepuster

siden 18

200 g/7 oz/1¾ kopper valnødder, groft malet

75 g/3 oz/1/3 kop granuleret sukker (superfint)

30 ml/2 spsk anislikør eller Pernod

25 g/1 oz/2 spsk smør eller margarine, blødgjort

450 g/1 lb butterdej

1 æg, pisket

Bland nødder, sukker, likør og smør eller margarine sammen. Rul dejen (pastaen) ud på en let meldrysset overflade til et 60 x 30 cm/24 x 12 rektangel (eller du kan rulle halvdelen af dejen ud ad gangen). Skær i 18 firkanter og del nøddeblandingen mellem firkanterne. Pensl kanterne på firkanterne med det sammenpiskede æg, fold og forsegl dem i form af en pølse med sømmen under og sno enderne som en kage. Anret på en smurt (kiks) bageplade og pensl med det sammenpiskede æg. Bages i en forvarmet ovn ved 230°C/450°F/gasmærke 8 i 10 minutter, indtil de er hævede og gyldenbrune. Spis varmt den dag, de er tilberedt.

dansk wienerbrød

Til 450 g/1 lb

450 g/1 lb/4 kopper almindeligt mel (all-purpose)

5 ml/1 tsk salt

25 g/1 oz/2 spsk granuleret sukker (superfint)

5 ml/1 tsk stødt kardemomme

50 g/2 oz frisk gær eller 75 ml/5 spsk tørgær

250 ml/8 fl oz/1 kop mælk

1 æg, pisket

300 g/10 oz/1¼ kopper smør, skåret i skiver

Sigt mel, salt, sukker og kardemomme i en skål. Pisk gæren med lidt mælk og tilsæt melet med den resterende mælk og æg. Bland til en dej og ælt til den er glat og blank.

Rul dejen (pastaen) ud på en let meldrysset overflade til et rektangel på 56 x 30 cm/22 x 12 ca. 1/½ cm tykt. Arranger smørskiverne over den midterste tredjedel af dejen, så der er plads rundt om kanterne. Fold en tredjedel af dejen over for at dække smørret, og fold derefter den resterende tredjedel over. Tryk enderne sammen med fingerspidserne, og køl derefter i 15 minutter. Rul ud til samme størrelse igen, fold i tre og stil på køl i 15 minutter. Gentag processen endnu en gang. Læg dejen i en meldrysset plastikpose og lad den hvile i 15 minutter, inden du bruger den.

danske kringler

Serverer 8

50 g frisk gær

50 g/2 oz/¼ kop granuleret sukker

450 g/1 lb/4 kopper almindeligt mel (all-purpose)

250 ml/8 fl oz/1 kop mælk

1 æg

200 g/7 oz/skala 1 kop smør, koldt og skåret i skiver

Til fyldet:

100 g/4 oz/1 kop malede mandler

100 g/4 oz/½ kop smør eller margarine

100 g/4 oz/½ kop strøsukker (superfint)

Pisket æg til glasur

25 g/1 oz/¼ kop skrællede mandler, groft hakkede

15 ml/1 spsk demerara sukker

Pisk gæren med sukkeret. Kom melet i en skål. Pisk mælk og æg sammen og tilsæt dem til melet med bagepulveret. Ælt til en dej, dæk til og lad det stå et koldt sted i 1 time. Rul dejen (pastaen) ud til 56 x 30 cm/22 x 12 tommer. Læg smørret i den midterste tredjedel af dejen, undgå kanterne. Fold en tredjedel af dejen over smørret, fold derefter den anden tredjedel over og tryk kanterne sammen. Afkøl i 15 minutter. Rul ud, fold og afkøl tre gange mere.

Bland de øvrige ingredienser, undtagen æg, mandler og sukker, indtil du får en homogen blanding.

Rul dejen ud til en lang strimmel ca. 3mm/1/8 tyk og 10cm/4 bred. Fordel fyldet ned i midten, fugt kanterne og pres dem sammen på fyldet. Form en kringle på en smurt bageplade (kiks) og lad den stå i 15 minutter et lunt sted. Pensl med sammenpisket æg og drys med de blancherede mandler og demerarasukker. Bages i en forvarmet ovn ved 230C/450F/gasmærke 8 i 15-20 minutter, indtil de er hævet og gyldenbrune.

dansk wienerbrødsfletninger

siden 16

½ mængde dansk wienerbrød

1 æg, pisket

25 g/1 oz/3 spsk ribs

Glace glasur

Del dejen i seks lige store dele og form hver til en lang rulle. Fugt enderne af rullerne og pres dem sammen i tre, flet derefter længderne, forsegl enderne. Skær i 10 cm/4 cm lange stykker og læg på en (kiks)bakke. Lad stå et varmt sted i 15 minutter. Pensl med sammenpisket æg og drys med ribs. Bages i en forvarmet ovn ved 230°C/450°F/gasmærke 8 i 10-15 minutter, indtil de er gennemhævet og gyldenbrune. Lad det køle af, og glasér derefter med glaceglasuren.

Mandelkager

siden 24

450 g/1 lb/2 kopper strøsukker (superfint)

450 g/1 lb/4 kopper malede mandler

6 æg, let pisket

5 ml/1 tsk vaniljeessens (ekstrakt)

75 g/3 oz/¾ kop pinjekerner

Bland sukker, malede mandler, æg og vaniljeessens til det er godt blandet. Hæld i en smurt og foret 30 x 23 cm/12 x 9 bageform og drys med pinjekernerne. Bages i en forvarmet ovn ved 180°C/350°F/gasmærke 4 i 1½ time, indtil den er gyldenbrun og fast at røre ved. Skær i firkanter.

Tærtebase af svamp

Gør en 23cm/9 i etui (skal)

2 æg

200 g/7 oz/lidt 1 kop strøsukker (superfint)

5 ml/1 tsk vaniljeessens (ekstrakt)

150 g/5 oz/1¼ kopper almindeligt mel (all-purpose)

5 ml/1 tsk bagepulver

En knivspids salt

120 ml/4 fl oz/½ kop mælk

50 g/2 oz/¼ kop smør eller margarine

Pisk æg, sukker og vaniljeessens sammen, og tilsæt derefter mel, bagepulver og salt. Bring mælken og smørret eller margarinen i kog i en gryde, hæld dem derefter i kageblandingen og bland godt. Hæld i en smurt 23 cm/9 cm bradepande (bageplade) og bag i en forvarmet ovn ved 180°C/350°F/gasmærke 4 i 30 minutter, indtil de er let brunede. Form på en rist.

Mandeltærte

Gør en tærte på 20 cm

175 g/6 oz mørdej

Til fyldet:

50 g/2 oz/¼ kop smør eller margarine, blødgjort

2 æg, pisket

50 g/2 oz /½ kop selvhævende mel (selvhævende)

75 g/3 oz/¾ kop malede mandler

Et par dråber mandelessens (ekstrakt)

45 ml/3 spsk appelsinjuice

400 g/1 stor dåse ferskner eller abrikoser, godt drænet

15 ml/1 spsk mandler i flager

Rul dejen (pastaen) ud og brug den til at beklæde en smurt 20 cm bradeform (form). Prik bunden med en gaffel. Pisk smør eller margarine og æg sammen, indtil det er bleg. Tilsæt gradvist mel, malede mandler, mandelessens og appelsinjuice. Blend fersknerne eller abrikoserne i en foodprocessor eller passer gennem en sigte (filter). Fordel puréen over dejen, og hæld derefter mandelblandingen over. Drys med de flagede mandler og bag dem i en forvarmet ovn ved 190°C/375°F/gasmærke 5 i 40 minutter, indtil de er elastiske at røre ved.

Æble- og appelsinstærte fra det attende århundrede

For en 18cm/7

Til pastaen (pastaen):
100 g/4 oz/1 kop mel (alle formål))

25 g/1 oz/2 spsk granuleret sukker (superfint)

50 g/2 oz/¼ kop smør eller margarine

1 æggeblomme

Til fyldet:
75 g/3 oz/1/3 kop smør eller margarine, blødgjort

75 g/3 oz/1/3 kop granuleret sukker (superfint)

4 æggeblommer

25 g/1 oz/3 spsk blandet skræl (kandiseret) hakket

Revet skal af 1 stor appelsin

1 spis (sødt) æble

For at lave mørdejen, bland mel og sukker sammen i en skål, og gnid derefter smør eller margarine i, indtil det ligner brødkrummer. Tilsæt æggeblommerne og ælt let til du får en dej. Pakk ind i husholdningsfilm (plastfolie) og stil på køl i 30 minutter før brug. Rul mørdejen ud og brug den til at beklæde en smurt 18 cm/7 cm flanring.

For at lave fyldet, pisk smør eller margarine og sukker sammen, indtil det er lyst og luftigt, og rør derefter æggeblommer, blandet skal og appelsinskal i. Hæld over pastaen. Skræl, udkern og riv æblet og fordel det ud over panden. Bages i en forvarmet ovn ved 180°C/350°F/gasmærke 4 i 30 minutter.

Tysk æbletærte

Gør en tærte på 20 cm

Til pastaen (pastaen):

100 g/4 oz/1 kop selvhævende mel (selvhævende)

50 g/2 oz/¼ kop blødt brun farin

25 g/1 oz/¼ kop malede mandler

75 g/3 oz/1/3 kop smør eller margarine

5 ml/1 tsk citronsaft

1 æggeblomme

Til fyldet:

450 g kogte (tærte) æbler, skrællet, udkernet og skåret i skiver

75 g/3 oz/1/3 kop blødt brun farin

Revet skal af 1 citron

5 ml/1 tsk citronsaft

Til fyldet:

50 g/2 oz/¼ kop smør eller margarine

50 g/2 oz/½ kop mel (all-purpose)

5 ml/1 tsk stødt kanel

150 g/5 oz/2/3 kop blødt brun farin

For at lave dejen, bland mel, sukker og mandler sammen, og gnid derefter smør eller margarine i, indtil det ligner brødkrummer. Bland citronsaft og æggeblomme sammen. Tryk ned i bunden af en smurt 20 cm kageform (form). Bland ingredienserne til fyldet og fordel på bunden. For at lave toppingen skal du gnide smørret eller margarinen ind i melet og kanelen, derefter røre sukkeret i og fordele fyldet. Bages i en forvarmet ovn ved 180°C/350°F/gasmærke 4 i 1 time, indtil de er gyldenbrune.

Honning æbletærte

Gør en tærte på 20 cm

Til pastaen (pastaen):

75 g/3 oz/1/3 kop smør eller margarine

175 g/6 oz/1½ kopper fuldkornshvedemel (fuldkorn)

En knivspids salt

5 ml/1 tsk klar honning

1 æggeblomme

30 ml/2 spsk koldt vand

Til fyldet:

900 g kogeæbler (tærte)

30ml/2 spsk vand

75 ml/5 spsk klar honning

Revet skal og saft af 1 citron

25 g/1 oz/2 spsk smør eller margarine

2,5 ml/½ tsk stødt kanel

2 æbler at spise (søde)

For at lave dejen skal du gnide smør eller margarine ind i melet og saltet, indtil det ligner brødkrummer. Indsæt honningen. Pisk æggeblommen med lidt vand og kom den i blandingen, tilsæt mere vand efter behov for at få en blød dej. Pak ind i husholdningsfilm (plastfolie) og stil på køl i 30 minutter.

For at forberede fyldet, skræl, udkern og skær de kogte æbler i skiver og lad dem simre med vandet, indtil de er bløde. Tilsæt 45 ml/3 spsk honning, citronskal, smør eller margarine og kanel og kog uden låg, indtil det er pureret. Lad afkøle.

Rul dejen ud på en let meldrysset overflade og brug den til at beklæde en 20 cm/8 tommer flanring. Prik det hele med en gaffel,

dæk med bagepapir (vokset) og fyld med bønner. Bages i en forvarmet ovn ved 200°C/400°F/gasmærke 6 i 10 minutter. Fjern papiret og bønnerne. Reducer ovntemperaturen til 190°C/375°F/gasmærke 5. Læg æblemos i posen. Skræl æblerne uden at skrælle dem, og skær dem derefter i tynde skiver.
Arranger i pænt overlappende cirkler ovenpå puréen. Bages i den forvarmede ovn i 30 minutter, indtil æblerne er gennemstegte og let brunede.

Kom den resterende honning i en gryde med citronsaften og varm forsigtigt op, indtil honningen smelter. Hæld den kogte flan over for at glasere.

Æbletærte og hakket kød

For en 18cm/7

175 g/6 oz mørdej

1 medium (tært) æble, skrællet, udkernet og revet

175 g/6 oz/½ kop hakket oksekød

150 ml/¼ pt/2/3 kop dobbelt creme (tung)

25 g/1 oz/¼ kop mandler, hakkede og ristede

Rul dejen (pastaen) ud og brug den til at beklæde en 18 cm/7 flan ring. Prik alt med en gaffel. Bland æblet i hakket kød og fordel det over bunden. Bages i en forvarmet ovn ved 200°C/400°F/gasmærke 6 i 15 minutter. Reducer ovntemperaturen til 160°C/325°F/gasmærke 3 og kog i yderligere 10 minutter. Lad afkøle. Pisk fløden stiv, fordel den derefter på overfladen af flanen, drys med mandlerne og server straks.

Tærte af æbler og sultanas

Gør en tærte på 20 cm

100 g/4 oz/½ kop smør eller margarine

225 g/8 oz/2 kopper fuldkornshvedemel (fuldkorn)

30 ml/2 spsk koldt vand

450 g kogte (tærte) æbler, skrællet, udkernet og skåret i skiver

15 ml/1 spsk citronsaft

50 g/2 oz/1/3 kop sultanas (gyldne rosiner)

50 g/2 oz/¼ kop blødt brun farin

Gnid smørret eller margarinen ind i melet, indtil det ligner brødkrummer. Tilsæt nok koldt vand til at blive blandet til en pasta (pasta). Rul ud og brug til at beklæde en 20 cm/8 ring af smurt flan. Dyp æblerne i citronsaften og læg dem i gryden. Drys med rosiner og sukker. Rul mørdejsrester ud og lav et gitter over fyldet. Bages i en forvarmet ovn ved 190°C/375°F/gasmærke 5 i 30 minutter.

Abrikos- og kokosmarengstærte

Serverer 8

4 æg, adskilt

100 g/4 oz/½ kop smør eller margarine, blødgjort

175 g/3 oz/1/3 kop klar honning

225 g/8 oz/2 kopper fuldkornshvedemel (fuldkorn)

En knivspids salt

450 g friske abrikoser, halveret og udstenede (udstenede)

100 g/4 oz/½ kop strøsukker (superfint)

175 g/6 oz/1½ kopper tørret kokosnød (revet)

Pisk æggeblommer, smør eller margarine og honning sammen, indtil det er godt blandet. Bland mel og salt i, indtil det er glat og ensartet. Rul dejen (pastaen) ud på en let meldrysset overflade til en tykkelse på ca. 1/2 cm og kom den over i en smurt (kiks)form. Dæk med abrikoshalvdelene, skærsiden nedad, og steg i en forvarmet ovn ved 200°C/400°C/gasmærke 6 i 15 minutter.

Pisk æggehviderne stive. Tilsæt halvdelen af sukkeret og fortsæt med at piske til det er stift og blankt. Rør det resterende sukker og kokos i. Fordel marengsblandingen over abrikoserne og sæt den tilbage i ovnen i yderligere 30 minutter, indtil den er let brunet. Skær i firkanter, mens de stadig er varme.

Bakewell kage

For en 18cm/7

Til pastaen (pastaen):

50 g/2 oz/¼ kop smør eller margarine

100 g/4 oz/1 kop mel (alle formål))

30ml/2 spsk vand

Til fyldet:

100 g/4 oz/1/3 kop jordbærsyltetøj (på dåse)

50 g/2 oz/¼ kop smør eller margarine, blødgjort

50 g/2 oz/¼ kop strøsukker (superfint)

1 æg, let pisket

Et par dråber mandelessens (ekstrakt)

25 g/1 oz/¼ kop selvhævende mel (selvhævende)

25 g/1 oz/3 spsk malede mandler

50 g/2 oz/½ kop mandler i flager

For at lave dejen skal du gnide smørret eller margarinen ind i melet, indtil det ligner brødkrummer. Rør i lige nok vand til at blande til en pasta. Rul ud og brug til at beklæde en smurt tærteform på 18 cm/7 cm. Smøres med marmelade. For at lave fyldet, pisk smør eller margarine og sukker sammen, og pisk derefter æg- og mandelessensen i. Tilsæt melet og de malede mandler. Hæld marmeladen over og jævn overfladen. Drys med de flagede mandler. Bages i en forvarmet ovn ved 190°C/375°F/gas 5 i 20 minutter.

www.ingramcontent.com/pod-product-compliance
Lightning Source LLC
Chambersburg PA
CBHW070422120526
44590CB00014B/1503